SCÈNES

DE LA

VIE DE THÉATRE.

Romans à 3 fr. le Volume,

Et 2 fr. 50 c. en en prenant au moins 50 vol.

Le baron de Lamothe-Langon.

REINE ET SOLDAT , 2 v.	6 fr.
LE ROI ET LA GRISETTE , 2 v.	6
BONAPARTE et le Doge. roman historique, 2 v.	6
CAGLIOSTRO, roman historique, 2 v.	6
MONSIEUR ET MADAME, 2 v.	6
LA CLOCHE DU TRÉPASSÉ, 2 v.	6
LA NIÈCE DU CURÉ, 2 v.	6
MON GÉNÉRAL, SA FEMME ET MOI, 2 v.	6
LES DEUX FAMILLES, 2 v.	6
L'AUDITEUR AU CONSEIL DÉTAT, 2 vol.	6

E.-L. Guérin.

LES NUITS DE VERSAILLES, 4 v.	12
LES SOIREES DE TRIANON , 2 v.	6
LE LOUVRE SOUS ROIS, 4 vol.	12
LES PETITS ABBÉS et les mousquetaires, 2 v.	6
MADAME DE PARABÈRE, 2 v.	6
LES DAMES DE LA COUR , 2 v.	6
LA PRINCESSE LAMBALE ET MADAME DE PO-LIGNAC, 2 v.	6
LA DAME DE L'OPERA, 2 v.	6
LE MARQUIS DE BRUNOY, 2 v.	6
LE TESTAMENT D'UN GUEUX , 2 v.	6
UNE FILLE du peuple et une demoiselle du monde, 2 v.	6
LA MAITRESSE DE MON FILS, 2 v.	6
LA MODISTE ET LE CARABIN, 2 v.	6
LA FEURISTE, 2 v.	6
LE SERGENT DE VILLE, 2 v.	6
UNE ACTRICE, 2 v.	6
MAGDELEINE la répentie, 2 v.	6
LA LOGE et le salon, 2 v.	6
ISABELLE ou comtesse et femme de chambre. 2 v.	6

Imprimerie de Pommeret et Guénot, rue Mignon, 2.

SCÈNES DE LA VIE DE THÉATRE.

LES
MÈRES D'ACTRICES

ROMAN DE MOEURS

Par L. Couailhac.

II

PARIS

SCHWARTZ ET GAGNOT, ÉDITEURS,

QUAI DES AUGUSTINS.

1843.

TROISIÈME PARTIE.

I

Désespoir.

Victor crut d'abord à un accident, à un malheur; mais ses doutes furent bientôt dissipés. Sur le support de la fenêtre où il avait coutume de venir s'appuyer avec Thérèse pour respirer l'air du soir, il trouva un papier mis en évidence et sur lequel était écrit ce seul mot : *adieu!* — Les deux dernières lettres étaient à demi effacées; on voyait qu'en écrivant ce mot fatal, Thérèse avait pleuré.

Ainsi, il n'y avait plus moyen de douter !

C'était un abandon !

Le coup fut terrible pour Victor. Il trouvait là son premier désappointement de cœur.

Quand on est jeune, on croit à l'amité, à l'amour. On ne suppose ni la trahison, ni la fausseté. Ce n'est que plus tard, — lorsqu'on a un peu marché dans la vie, — que l'on en arrive à la désillusion et à la cruelle expérience. Vous apprenez que la femme qui vous prodiguait les plus touchantes caresses n'en voulait qu'à votre fortune ou à votre avenir; que ceux qui se disaient vos amis, qui ne pouvaient se passer de votre présence, qui juraient de vieillir avec vous, de vous suivre jusqu'au-delà du tombeau, de reposer à vos côtés dans le même cimetière et sous le même saule-pleureur, ne vous jetaient ces belles paroles que parce que vous étiez utile à leurs intérêts ou à leurs plaisirs. Quoique l'âge ait déjà donné à l'homme plus de maturité et de force, ces blessures le font horriblement souffrir. Il dissimule sa douleur et il marche seul. Si son visage est impassible, son cœur pleure.

Mais combien de telles atteintes ne sont-elles pas plus dures pour le jeune homme qui n'a pas encore appris le doute, la défiance et le désenchantement; qui ajoute foi à tout, aux serments, à la probité, à la constance, et qui voit se flétrir en un instant les croyances qui faisaient le bonheur et la sécurité de sa vie.

Thérèse était la première femme que Victor eût aimée; son cœur avait répondu aux premiers battements de son cœur. Il se croyait lié à elle pour la vie; il était habitué à la voir à ses côtés, à être soutenu et consolé par elle dans ses moments de douleur et de lassitude. — Un grand vide se faisait tout à coup autour de lui, et ce vide l'épouvantait.

Il fut insensé pendant quelques heures... Il se répandait contre Thérèse en imprécations et en injures... Il l'interpellait quoique absente, et lui reprochait sa trahison et sa fuite.

Puis les larmes se firent jour et le soulagèrent. Alors, revenu à des sentiments plus doux,

ramené aux souvenirs et aux regrets, il saisit
tous les objets qui avaient appartenu à Thérèse, et les couvrit de baisers et de larmes. Et
en même temps il la suppliait de revenir, lui
promettant le pardon et l'oubli, lui rappelant
les beaux jours qu'ils avaient passés ensemble!

L'invalide, qui était presque aussi abattu
que lui, profita de ce moment pour lui donner
quelques consolations et le rappeler à lui-
même.

— Oui, mon vieux camarade, lui dit Victor
en lui serrant la main... Oui... tu me restes,
toi... Ton amitié m'aidera à supporter cette affreuse déception... Oh! la perfide... la perfide...

— Ne vous pressez pas tant de l'accuser...
Je ne puis pas croire qu'elle ait déserté pour
toujours et emporté le mot d'ordre pour le
passer à l'ennemi... Elle était si douce... si
bonne... elle vous était si attachée...

— Que les femmes sont fausses !

— Il fallait voir comme elle vous a soigné

pendant cette maladie, et comme elle vous regardait souvent avec des larmes dans les yeux...

— Un autre peut-être...

— Pas de mots comme ça!... Je mettrais au
feu la main qui me reste, qu'il n'y a pas d'amourette en jeu... Je n'y comprends rien... c'est
vrai... mais il faut qu'il y ait là-dessous quelque
chose d'extraordinaire... Il faut que sa pauvre
tête ait déménagé, ou que le diable lui ait fait
voir des feux follets... mais je réponds d'elle...
Oh! si je pouvais savoir! si je pouvais savoir!...

Victor n'avait pas la force de supporter davantage en ce moment la vue de cette chambrette où il avait été si heureux. En lui rappelant le passé, elle ne faisait que rendre le présent plus douloureux.

L'homme, dans ses heures d'angoisses,
éprouve le besoin de faire partager ses souffrances à ceux qui lui témoignent de l'amitié.
En les divisant, il en allège le poids.

Victor, quoique faible encore, sortit et alla
chez madame Blouot. Il lui semblait que dans

un pareil moment la vue de Cécile et de sa mère pouvait seule lui rendre un peu de calme.

— Quelle figure pâle et amaigrie... s'écria madame Blouot en l'apercevant... Il y a long-temps que nous ne vous avons vu... Auriez-vous souffert?

— Oui... long-temps...

— De cette blessure, peut-être?...

— Non... d'une maladie cruelle... d'une fièvre qui me tuait... Mes forces se perdaient peu à peu...

— Pourquoi ne nous avoir pas fait avertir?...

— Mais cette maladie longue et terrible a moins abattu mon courage et déchiré mon âme que la douleur suprême qui l'a pour ainsi dire couronnée... Ah! si vous saviez!...

— Nous sommes vos amies, lui dit Cécile avec émotion...

— Une femme qui avait reçu mes premiers serments, — au dévouement, à l'attachement de laquelle je croyais comme en Dieu... me fuir... me quitter... me laisser seul sur la terre... et dans quel instant!...

— Oh ! c'est mal, s'écria Cécile...

— Elle qui si long-temps m'avait rendu le plus heureux des hommes...

— Il faut l'aimer pour le passé, lui dit Cécile, lui pardonner le présent et recommencer votre bonheur dans l'avenir...

— Oh ! je ne la reverrai plus !

— Quelque chose me dit que vous la reverrez...

— Un premier amour ne se recommence pas...

— Il se continue, dit madame Blouot...

— Vos paroles me font du bien...

— C'est qu'elles sont dictées par l'intérêt le plus sincère, dit Cécile... oui, monsieur Victor, je ne sais quel est le sentiment qui s'est élevé pour vous dans mon cœur... mais il ressemble si bien à celui qu'éprouve ma mère, que je puis en faire l'aveu devant vous et devant elle... Je voudrais vous voir heureux, de quelque manière que vous le fussiez..... et si je savais où est cette pauvre femme dont vous avez si long-temps apprécié le dévouement, à laquelle vous avez dû le bonheur, j'irais la supplier de vous rendre tout ce que son abandon vous a fait perdre...

— Cécile, madame Blouot, dit Victor en prenant les mains des deux femmes et en se plaçant entre elles, vous m'aimez comme je vous aime, comme je veux être aimé de vous...

Dans cette douce intimité, les heures s'écoulèrent plus rapidement pour Victor. Vers le soir, il regagna la rue Saint-Hyacinthe. En montant le rude escalier qui conduisait à sa chambrette, il pensait encore à la solitude dans laquelle il allait se trouver et des idées sombres s'emparaient déjà de son esprit.

Il entra et trouva l'invalide occupé à mettre tout en ordre.

— Comment... toi ici.. . à cette heure... mon ami ?

— Oui... j'ai obtenu à l'hôtel une permission de découcher pendant huit jours... il vous faut bien quelqu'un dans les premiers temps pour faire votre ménage... un vieux soldat, c'est comme une femme, sous le rapport de la symétrie et de l'arrangement... mais ne vous occupez pas de moi... je vais m'établir sur un lit de camp... j'ai déjà vu ce qui me conviendra...

— Mon vieil ami, je te remercie...

— Pas de remercîments, nom d'une bombe, ou je prends ma feuille de route... Comme si ce n'était pas simple comme bonjour...

— Tu sais si bien choisir les moments où tu rends tes services...

— Allons donc... couchez-vous... j'éteins la chandelle de la chambrée...

L'invalide avait cette délicatesse des âmes d'élite qui sont mal à leur aise quand on leur parle du bien qu'elles font.

II

Où va-t-elle ?

—Et vous m'assurez bien, la mère, que cette femme vous a dit...

— Mais elle va te le répéter elle-même..... puisque je te réitère qu'elle est là... Ne m'as-tu pas ordonné de la faire venir ?

— C'est vrai, j'oubliais...

— Quelle tête... mon Dieu !... quelle tête.

— Faites la entrer... mère...

— Je l'ai laissée à la cuisine où elle est en train de se rafraîchir. Madame Grinchard, Madame Grinchard !

— Voilà ! voilà !

La veuve Saint-Brice alla jusqu'à la porte du boudoir et fit comparaître devant Amélie la vénérable madame Grinchard.

Celle-ci osait à peine marcher sur les brillants tapis qui couvraient le parquet ; elle était éblouie de tout le luxe qui l'environnait. Elle piétinait, se tournait de côté et d'autre ; enfin deux ou trois minutes se passèrent avant qu'elle eût pris une position.

— Restez donc tranquille, madame Grinchard, lui dit la veuve, est-ce que vous allez vous tortiller long-temps comme ça? faut pas vous intimider, que diable ! vous n'êtes pas ici chez le grand sultan ; Amélie est une bonne fille.

— Voyons, ma bonne, ajouta Amélie... rassurez-vous... vous dites donc que la jeune fille qu'on nommait Thérèse...

—S'est envolée tout à coup sans qu'on sache de quel côté... et ça étonne tout le monde...

mais ça étonne !... car elle était sage, gentille, aimable...

— Pardine, s'écria la veuve Saint-Brice, ces petites sucrées-là... est-ce que ça en fait jamais d'autres ? Elle se sera lassée du parfait amour et elle aura écouté les propositions de quelque gros cossu.

— Oh ! pour ça, reprit la Grinchard, je jurerais bien que non... Est-ce que vous croyez que, jolie comme elle était, elle n'a pas été remarquée dans le quartier et même plus loin... combien de fois des individus, et des plus huppés... il y en avait deux qui étaient en calèche... ainsi... n'ont-ils pas mis des monts d'or à ses pieds ? mais elle a tout repoussé sans jamais vouloir même prendre connaissance des poulets... je le sais bien, puisque c'est moi qui en étais chargée...

— Ah ! vous vous chargez des poulets, mère Grinchard...

— Oui... comme portière... comme portière... car je suis une honnête femme, entendez-vous...

—Je n'en doute pas... eh! eh! eh! reprit la veuve avec un rire infernal.

—Mais M. Victor... M. Victor... que devient-il, dit Amélie?

— Il a été pendant deux ou trois jours comme un fou... il pleurait, il criait que ça faisait frémir... maintenant il paraît un peu *rapaisé*... mais je crois bien que le pauvre garçon n'en vaut guère mieux... c'est intérieur, voyez-vous, maintenant... et ça mine... un vilain feu caché sous la cendre...

— Tenez, ma bonne, prenez...

La Grinchard ouvrit de grands yeux... Amélie venait de lui mettre cinq napoléons dans la main; elle n'avait jamais vu autant d'argent à la fois, elle était fascinée; si elle avait éprouvé de la peine pour entrer, elle en éprouva bien davantage pour sortir; elle trébuchait à chaque pas.

Lorsqu'elle fut partie, la veuve se mit à dire :

— Ah ça! Amélie, tu me permettras bien cette fois de te dire que tu fais des folies...

comment! donner cinq napoléons à cette portière! tu ne m'en as jamais autant donné d'un
seul coup.

Amélie ne l'écoutait plus ; elle avait ouvert
toutes ses armoires, les tiroirs de sa toilette, sa
chiffonnière et ses cassettes ; elle faisait ici un
paquet, là un autre, les étiquetant tous et les
rangeant en ordre. Son appartement semblait
avoir été mis au pillage. La veuve la regardait
faire en ouvrant de grands yeux étonnés : « Ah
ça, disait-elle, est-ce que nous allons déména-
ger? » Elle adressa plusieurs fois cette question
à Amélie ; mais celle-ci ne lui répondit pas,
soit qu'elle fût préoccupée, soit qu'elle ne
voulût pas répondre.

Qnand elle eût fini, elle dit à la veuve Saint-
Brice :

— Madame, écoutez-moi, j'ai un dernier
service à vous demander. Vous remettrez ces
bijoux à M. Gustave, ces billets de banque à
M. le comte, cette parure et cet argent qui
m'appartiennent à la pauvre Sophie, ma camarade de théâtre, dont la mère est malade

depuis si long-temps... enfin tous les autres objets aux personnes dont les étiquettes portent les noms. Quand vous vous serez acquittée de ces diverses commissions, tout ce qui restera ici vous appartiendra...

— Mais...

— Pas un mot...

Amélie quitta son élégante toilette pour mettre une robe d'indienne qu'elle retrouva dans sa garde-robe ; — elle couvrit ses épaules d'un châle très simple, et sa tête d'un petit bonnet de tulle.

— Mais où vas-tu donc? s'écria la veuve en voyant tous ces préparatifs.

— Madame, je vous défends de me suivre.

Ces paroles furent dites avec une telle autorité, que la veuve effrayée recula d'un pas et tomba sur une chaise.

Quand elle revint de ce premier mouvement et qu'elle releva la tête, Amélie n'était plus là.

III

La réhabilitation.

Ce soir-là, Victor venait de quitter son vieil ami l'invalide. Il s'apprêtait à prendre du repos, lorsqu'une main timide et discrète frappa à sa porte.—Il ouvrit au milieu de l'obscurité.

— Qui est là?

On ne répondit pas.

— Qui est là?

Pas de réponse...

Victor étendit la main et sentit des vêtements de femme...

— Est-ce vous, Thérèse, s'écria-t-il tout à coup?

— Non... mais celle qui vient la remplacer auprès de vous...

— Remplacer Thérèse!...

— Oui... en vous offrant tout l'amour que peut contenir le cœur d'une femme.

— Votre nom?

— Que vous importe.

— Votre nom?

— Amélie.

— Amélie!... Vous!

— Moi...

— Après Thérèse... après cet amour si désintéressé et si pur...

— Le mien le sera... Mon expiation commence...

— Amélie, la femme vénale et corrompue, me sera toujours étrangère.

— Mais Amélie repentante...

— Non, non... Sortez, madame... Il y a des rôles qui ne vont pas à un honnête homme...

— Il est tard... un asile pour cette nuit seu-

lement... Demain, votre cœur s'ouvrira peut-
être à la pitié...

— Sortez...

— Je sors, mais je ne partirai pas...

Amélie passa toute cette nuit à la porte de la
chambrette — agenouillée et sanglotant —
comme si elle avait demandé pardon à Dieu de
ses fautes passées. Cette nuit fut terrible aussi
pour Victor. L'émotion qu'avaient excitée en
lui le nom et le souvenir de Thérèse, la vue
d'Amélie, l'irritation de toutes ces plaies mal
fermées, avaient provoqué une nouvelle crise.

A six heures du matin il râlait.

Amélie entra dans sa chambre et lui pro-
digua les soins les plus touchants — les soins
d'une femme — et d'une femme qui aime.

Quand l'invalide arriva, il la trouva auprès
de lui. Il la regarda quelque temps avec attention et surprise, et voulut lui adresser une
question.

— Chut! lui dit-elle... il commence à reposer.

L'invalide vit que c'était une femme jeune

et belle qui s'intéressait, autant que lui, à l'existence de son cher fils adoptif, et il n'en demanda pas davantage. Il s'entendit, dès ce moment-là, avec elle comme s'il l'avait connue depuis vingt ans. Il aurait été moins surpris de voir Cécile assise à sa place. Mais il tranchait toutes les difficultés avec son mot si philosophique : « Au surplus, cela ne me regarde pas. »

L'excellente constitution de Victor et les attentions extrêmes de ses deux gardes-malades le firent encore une fois triompher du danger. Le jour où il reprit connaissance, ses yeux se fixèrent d'abord sur la femme qui, placée à son chevet, suivait avec anxiété toutes les phases du réveil de son intelligence

— Thérèse, dit-il, en lui tendant la main...

— Non, ce n'est pas Thérèse...

— Et qui donc ?

— Amélie...

Un souvenir récent vint assombrir encore la physionomie du malade.

— C'est égal... monsieur Victor... dit l'inva-

lide... j'aurais bien défié Thérèse d'être plus at-
tentive que celle-ci, de vous veiller avec moins
de ménagements pour elle-même et plus de sol-
licitude pour vous... Voilà trois nuits qu'elle
passe sans fermer l'œil, la pauvre femme,—avec
une taille si frêle, une figure si mignonne, une
santé si délicate... Ah! nos vivandières de la
grande armée qui étaient pourtant des gail-
lardes robustes, n'en auraient peut-être pas
fait autant... j'en suis bien sûr... aussi comme
elle est changée! Pauvre petite femme...

Victor jeta sur Amélie un regard où se peignait une reconnaissance embarrassée.

— Mais ce n'est pas tout, ajouta l'invalide;
vous savez bien, Victor, que depuis quelques
temps nous logeons le diable au fond de notre
bourse... Il aurait peut-être fallu se décider à
vous faire porter à l'hôpital... cré nom d'un
nom! quand elle a vu ça... elle n'a fait ni une
ni deux... elle s'est mise à travailler avec ses
jolis petits doigts blancs... et en moins de
quatre jours elle nous a bâti un tas de bretel-
les qu'il y aurait eu de quoi en fournir à tout

un bataillon du centre... C'est comme ça que nous avons pu marcher...

L'embarras de Victor était devenu de la confusion. Il se tourna vers Amélie et lui dit avec le ton du plus vif repentir :

— C'est à moi maintenant, Madame, de m'humilier devant vous. Me pardonnerez-vous de vous avoir traité avec une dureté si cruelle?

— Je vous l'ai dit, Victor, mon expiation commence...

— Eh quoi! vous renoncez à toutes les folles joies du monde au milieu duquel vous avez vécu...

— Le jour où, pour répondre à une manifestation honteuse, vous m'avez parlé avec tant de vérité et de mépris... ce jour là... vous m'avez éclairée sur ma position. J'ai compris que je ne pouvais prétendre à l'attachement d'un honnête homme. J'ai été effrayée et humiliée de mon abaissement. J'ai voulu tenter de me relever. J'ai rompu avec tout mon passé, en ne gardant de lui qu'un souvenir salutaire. Je suis sortie de la débauche comme j'y étais entrée, pauvre et simple ouvrière, avec une robe de toile et les mains pures... Et maintenant, quel que soit le sort qui m'est réservé, je sens, au calme de ma consience, que j'ai bien fait d'agir ainsi.

Amélie alla s'asseoir à sa place ordinaire, près de la fenêtre, et se remit à l'ouvrage.

Victor la contempla avec attendrissement. Il compara Amélie, naguères brillante, couverte d'or et de diamants, accoutumée au luxe, aux plaisirs et aux fêtes, n'ayant qu'un mot à dire pour voir ses moindres caprices satisfaits, à Amélie pauvre, modestement vêtue, travaillant pour vivre. Ce contraste le saisit plus vivement encore, quand il se souvint que de sa part le sacrifice avait été volontaire, et que pour ne pas passer de toutes les jouissances à toutes les privations, de l'opulence à la misère, elle n'aurait eu qu'à vouloir. Il se laissa aller à une admiration véritable, et quand, à tout ce qu'elle avait fait, il vint à ajouter tout ce qu'il lui devait lui-même, son émotion

fût si vive, qu'il laissa couler ses pleurs et qu'il
s'écria d'une voix entrecoupée de sanglots :

— Viens dans mes bras; viens, pauvre
femme purifiée par l'amour !

IV

L'Enfer.

Victor, à bout de ressources et de moyens de travail, résolut d'aller trouver un homme qui lui avait autrefois témoigné de l'amitié et lui avait donné d'excellents conseils. Nous voulons parler de Polydore.

— Eh bien! s'écria Polydore en le voyant... où en sommes-nous?

— Toujours au même point ..

— Toujours.

— Rién ne vous a réussi?

— Rien.

— Les voies détournées vous ont été aussi rebelles que les voies directes?

— Aussi rebelles.

— Il faut en revenir aux voies directes.

— Pour échouer encore...

— Non... pour réussir... mais il ne faut pas les aborder de suite...

— Qu'attendre encore?

— Que vous ayez acquis de l'expérience.

— Où en acquerrai-je?

— Je vais vous le dire... Il est à Paris une officine où se tripotent toutes les intrigues les plus honteuses de la machine dramatique... Cette officine est le bureau d'un journaliste en crédit dans certains lieux... Je ne sais pas trop si je dois donner le nom honorable de journaliste au pamphlétaire qui vend sa plume au jour le jour et dont chaque ligne est payée ou demande à l'être... Mais enfin, cet homme a su prendre un empire immense sur les habitants des coulisses... Il les intimide par ses injures, les désole par ses sarcasmes, les inquiète par l'impunité dont il jouit... Son atroce persévé-

rance a fait baisser pavillon aux plus insou-
ciants... Si d'honnêtes gens l'ont puni comme
il le méritait, d'autres ont sucombé sous son
adresse ou ont été forcés de reculer devant la
scandaleuse habileté de sa conduite... Abattu
aujourd'hui, le lendemain il relève la tête et
recommence la guerre... C'est ce qui fait sa
force. Avec un homme d'honneur on en finit
un jour... avec un spéculateur de ce genre on
n'en finit jamais. Il faut se cuirasser ou cé-
der... mais les comédiens ne se cuirassent pas
contre de pareilles attaques... leur amour-propre est toujours vulnérable, et c'est à leur
amour propre que Cléophas s'en prend surtout. Son journal n'a pas de lecteurs dans le
public... il ne va que chez ses abonnés dramatiques... Eh bien! c'est égal... il jouit dans
ce monde là d'une énorme influence... chaque
comédien craint que ses camarades ne lisent,
le matin, dans le journal de Cléophas, une plaisanterie dirigée contre son talent... Aussi jette-
t-il tous les mois un gâteau de miel au monstre.
Quoique les revenus de Cléophas soient encore
très beaux, il a joui d'une prospérité plus

grande encore. Une actrice célèbre lui payait
un tribut annuel déguisé sous la forme de cent
abonnements à son journal... Plusieurs danseuses n'en étaient pas quittes à un moindre
prix. Il pressurait tout le personnel de certains théâtres, comme les Romains pressu-
raient autrefois les provinces alliées... De grands
seigneurs, protecteurs de ces dames, lui faisaient des visites d'apparat et cherchaient à se
concilier ses bonnes grâces... Les cadeaux af-
fluaient chez lui et tous ses vassaux attendaient
avec impatience le jour de sa fête pour lui offrir des témoignages solides de leur admiration. Ce qui est plus étonnant... car les éloges
d'une feuille aussi peu répandue n'ont pas la
moindre influence sur les recettes... des direc-
recteurs lui payaient, lui payent encore des
subventions annuelles pour détourner de
leur tête la foudre de sa polémique... Je
vous le dis en vérité, quand cet homme sera
tombé, on sera étonné de la puissance qu'il a
eue; nous ne la comprendrons plus nous-
mêmes et nos fils rougiront pour nous...

— Où voulez-vous en venir ?

— Ne vous avais-je pas dit que je voulais vous faire acquérir de l'expérience?

— Eh bien!...

— Eh bien !... si vous voulez acquérir de l'expérience en affaires dramatiques, apprendre les hommes et les choses, connaître à fond les moyens de parvenir, il faut aller vivre quelque temps chez Cléophas. Son bureau est la meilleure école que vous puissiez choisir.

— Singulière école!

— Je n'en disconviens pas... mais quand on est appelé à lutter avec des intrigants, il n'est pas mal de connaître un peu l'intrigue... non pour s'en servir... mais pour la déjouer... Chez Cléophas vous serez mis au courant de secrets qui pourront vous être utiles plus tard... vous assisterez à certains marchés, à certaines transactions qui vous éclaireront sur la corruption de quelques natures... Votre naïveté y périra; en voyant jusqu'où la peur peut conduire les hommes, vous mépriserez beaucoup d'entre eux, mais vous serez relevé à vos propres yeux et vous perdrez peut-être cette timidité qui a tué plus d'un avenir... Maint auteur vous

revélera comment il s'y prend pour faire
jouer ses pièces... Maint comédien vous dira
pourquoi il accepte un rôle dans l'ouvrage de
M. un tel, et pourquoi il refuse celui qui lui a
été distribué dans le vaudeville de M. un tel.
C'est un panorama curieux, je vous assure...
Chez Cléophas tout le monde parle franche-
ment .. quand on entre dans sa maison on sait
où l'on est; personne ne met plus de réticen-
ce dans son langage, personne n'a plus d'arrière
pensée... Le maître avoue sa mission sur la
terre avec un cynisme si révoltant, que ceux
qui viennent réclamer ses services auraient
certainement mauvaise grâce à se montrer plus
hypocrites que lui! Aussi que de piquantes révélations vous allez recueillir là !

— Mais...

— Est-ce que les chimistes pour composer
des agents utiles ne manient pas les substances
les plus nuisibles et les plus dégoûtantes?.. Ne
craignez pas pour vous composer un avenir
honorable de tremper vos bras jusqu'au
coude dans la vase des passions honteuses...
Vous prendrez un bain ensuite...

— Aller vivre avec cet homme !

— Il ne vous corrompra pas...

— Oh ! non sans doute... j'en ai pour garant l'horreur qu'il m'inspire...

— Eh bien alors... que deviennent vos scrupules? vous n'aurez pas même la peine de hurler avec les loups pour les tromper... Votre rôle sera l'impassibilité... Vous observerez en silence... et quand vous aurez fait votre provision, vous sortirez du cloaque tout aussi innocent, mais aussi plus savant que vous n'y étiez entré... alors quand vous aborderez un directeur, vous saurez comment vous y prendre pour faire jouer votre pièce, quand du reste elle sera bonne... Un acteur ne vous refusera plus un rôle quand vous lui aurez dit certains mots à l'oreille... vous parlerez le langage secret des gens de coulisses... vous serez initié à leurs habitudes, à leurs roueries... parmi eux vous n'aurez plus l'air gauche et dépaysé... et votre collaboration momentanée au pamphlet de Cléophas, vous donnera même sur tous ce monde là une grande influence.

— Je me rends chez Cléophas...

— Attendez... je vais vous donner un petit mot pour lui...

— Vous le connaissez donc?

— Eh ! mon cher... je suis comédien et mon amour-propre aime aussi à être ménagé... j'ai cinq abonnements au journal de Cléophas.

— Vous m'avouerez, mon ami, qu'il est impossible de mettre mieux sa conduite en contradiction avec ses principes.

— C'est l'histoire des trois quarts des hommes !

— Être faible et pusillanime !!

— Je voudrais bien vous voir à ma place... Du reste je me félicite d'avoir payé si long-temps cinq abonnements à Cléophas, puisque cela me donne le moyen de vous être utile aujourd'hui.

— Vous avez toujours raison...

— Voici le mot :

« Mon cher Cléophas,

« Je vous adresse un jeune homme de la

« plus haute espérance, qui désire faire son
« chemin dans la presse théâtrale. Je ne pou-
« vais lui indiquer un meilleur maître. »

— Il est difficile de mentir avec plus de
grâce.

— C'est encore l'histoire des trois quarts
des...

— Oui... pour le mensonge... mais la grâce.

— Ah ! la grâce est l'apanage de quelques
êtres privilégiés...

— A la bonne heure...

Victor trouva dans Cléophas un homme sérieux, compassé, qui avait l'air le plus honnête
du monde. On lui aurait donné le prix Mon-
thyon sur sa mine. Il affectait le culte de
toutes les vertus domestiques et pratiquait la
bienfaisance avec une certaine ostentation. Il
faisait partie de toutes les sociétés philantro-
piques, élevait à ses frais des enfants trouvés,
organisait des loteries en faveur de tous les
incendiés possibles, était bon mari, bon père
et ne rentrait jamais après minuit. Peut-être
n'était-il point, comme homme privé, un fourbe

et un hypocrite. Peut-être toutes ses bonnes qualités étaient-elles réellement en lui. Mais alors il fallait que sa nature d'écrivain fut bien pervertie pour lui faire voir d'une manière aussi fausse les rapports qui doivent exister entre le critique et l'artiste. Nous aimons mieux croire à une corruption complète qu'à une pareille aberration.

Victor fut chargé par Cléophas de rendre compte des premières représentations de certains petits théâtres, et de corriger les épreuves du journal. Toute la journée, en outre, il était assis dans le bureau du maître, occupé à choisir pour lui les passages les plus intéressants de diverses feuilles ou à écrire sous sa dictée. De ce poste de confiance il put tout voir et profiter de tout.

Quel tableau se déroula devant ses yeux !

Polydore avait eu raison de le dire; quand Cléophas était sur son terrain de pamphlétaire, il était d'un cynisme qui mettait tous voiles de côté et se montrait dans sa naïve et hideuse nudité.

Un comédien de province qui arrivait à Paris pour y débuter avec sa femme, vint chez Cléo-

.phas afin de payer son impôt à ce pouvoir
oculte et honteux qui pesait sur les théâtres.
— Il prend une souscription au journal. Les
débuts ont lieu. Paraît dans le journal de Cléophas un article qui porte le mari aux nues et
critique d'une manière violente et brutale le
jeu de la femme. Le comédien se plaint. « Mon
cher ami, lui dit Cléophas avec le plus grand
sang-froid du monde, vous m'avez pris un
abonnement pour vous, mais je ne connais pas
Madame. » Le comédien fut obligé de prendre
un second abonnement.

Ce n'était là que de la petite caisse; mais le
trait peint l'homme.

Une prima-donna avait envoyé à l'aristarque
six couverts d'argent au premier janvier; le
jour des rois il lui fit savoir qu'il avait à donner
un dîner de douze couverts et qu'elle l'oblige-
rait en complétant le service. Le complément
de service se fit attendre. Dans la semaine qui
précéda les grandes joies du carnaval, le journal sonna l'alarme à plusieurs reprises. L'aristarque eut le complément de service pour son
dîner du samedi gras.

Un directeur était en retard pour le paie-. ment de sa subvention. L'annonce du spectacle de son théâtre disparut du journal. Le lendemain l'injure montra ses longues dents. Ce n'était qu'un oubli de la part de l'*impressario*. Il vint vîte ; mais le taux de sa subvention de l'année fut doublé. C'était sa punition. Et il la subit.

. . . .

— Bonjour, mon cher Cléophas...

— Bonjour, ma toute belle...

— Et cette chère santé?

— Parfaite... je n'ai pas besoin de vous demander des nouvelles de la vôtre... Vous êtes d'une fraîcheur...

— Merci, c'est de la galanterie...

— De la galanterie sincère...

— Vous êtes trop aimable... Je viens renouveler...

— Très-bien...trente abonnements, je crois.

— Non... je n'en ai jamais eu que vingt... et mon directeur m'a tout récemment fait subir une réduction...

—Ces directeurs deviennent d'une ladrerie...

— Ne m'en parlez pas...

— A propos, un conseil d'ami. On m'a dit, ma toute belle, que vous aviez été un peu faible dans le dernier pas de deux que vous avez dansé... heureusement que la salle n'était pas fort garnie...

— Vous éleverez le chiffre de mes abonnements à vingt-cinq...

— Vous comprenez qu'il serait fâcheux qu'un journaliste, ami de l'art, se vit obligé de porter un pareil fait à la connaissance du public...

— Toutes réflexions faites, je demanderai trente abonnements...

— Et prenez garde... la petite Zélia fait des progrès rapides... on s'en aperçoit dans les loges, et si un organe de la presse la prenait sous sa protection...

— Voulez-vous prier votre commis, pendant qu'il fait ma quittance, de porter à trente-cinq le chiffre de mes abonnements...

— Bailly, mettez trente-cinq abonnements.

— Merci...

— Tenez... justement elle est venue hier

ici, la petite Zélia ; elle a souscrit pour un an, et à quarante numéros par jour...

— J'en prends cinquante...

— Bailly, mettez cinquante. Vous êtes ravissante, et vous serez, aussi long-temps que vous le voudrez, la reine de la danse... mais travaillez... travaillez...

—Mon cher Cléophas, le général m'a chargé de vous offrir un nécessaire en vermeil... ma femme de chambre a oublié de le faire mettre dans la voiture... mais c'est une maladresse heureuse, car cela me procurera l'occasion de renouveler demain ma visite...

— Ma déesse, vous serez toujours la bienvenue.

Le lendemain on lisait dans le journal de Cléophas :

« Mesdemoiselles Olympe et Zélia se disputent le sceptre de la Chorégraphie. Olympe a de la vigueur, Zélia de la grâce ; l'une est Junon, l'autre Vénus. A qui restera la pomme ? »

Pour qui savait lire Cléophas, il y avait là une provocation à des *offres réelles*. Une lutte

s'engagea entre les deux nymphes ; elles pous-
sèrent à l'enchère. Zélia qui avait pour protecteur un touriste russe, l'emporta sur sa rivale.
L'éloge définitif et sans partage lui fut adjugé.
Olympe, ou plutôt son général, en fut pour ses
cinquante abonnements et le nécessaire en vermeil. Il est vrai qu'à ce prix là Cléophas voulut bien pendant un an entier ne pas dire de
mal d'elle. C'était encore de la conscience.

.   .   .   .

Un grand ténor italien vient passer une sai-
son en France et faire sanctionner sa réputa-
tation par le public si difficile des Bouffes. Des
amis inquiets le circonviennent ; il entre en con-
férence avec Cléophas. Celui-ci exige dix
mille francs pour ne pas contrarier les débuts
du ténor, vingt mille pour brûler l'encens devant lui. Le ténor ne demandait qu'à n'être
pas contrarié ; mais il trouvait la rançon un peu
élevée. Il offre six billets de mille francs. Cléophas refuse. Le ténor se le tient pour dit, débute
et obtient un succès colossal que chacune de ses
représentations voit se confirmer et grandir
encore. C'est en vain que le *Pamphlet* le mord

tous les matins au talon ; c'est en vain qu'il ré-
pand sur son talent et sur sa personne la bave
de ses injures. Ses traits émoussés semblent lui
faire un piédestal sur lequel il s'élève plus triom-
phant tous les jours. Le serpent était vaincu.
Croyez-vous que ce noble exemple profita aux
autres comédiens? Non, ils étaient sous le charme ; ils continuèrent à se laisser dévorer. Deux
ou trois seulement eurent le courage de faire
scission. On les montrait au doigt comme des
téméraires.

. . . .

— Ah ! Vulpinien...

— Ce cher Cléophas...

— Que vous devenez rare...

— C'est un reproche...

— Et un regret.

— Vous êtes charmant. Enfin me voilà...

— C'est que vous avez besoin de moi...

— Oui... besoin de vous voir.

— Trève de mauvaises pointes et arrivons au
fait.

— Voici le fait : je viens de lire à Saint-Léger
un vaudeville en trois actes dont l'idée est neuve

et l'exécution fort piquante...... vous verrez...

— Ah! mon cher ami! si vous faisiez vous-même les feuilletons sur vos pièces, que de talent vous auriez !

— Méchant!... ce malencontreux directeur a trouvé l'ouvrage délicieux...

— Toujours...

— Mais il m'a objecté qu'il avait déjà reçu sur le même sujet trois actes d'un certain jeune homme.

— Le maladroit !

— Vous comprenez bien que nous autres anciens et patentés, nous devons avoir le pas sur les jeunes gens.

— Sans nul doute...

— Surtout quand il s'agit d'une idée si peu banale et d'une originalité telle, que si ma pièce n'est pas jouée avant celle du jeune homme, elle est perdue... le premier arrivant tuera l'autre. Or, il n'y a dans ce moment que le théâtre de Saint-Léger disponible pour trois actes de vaudeville.

— Dites-moi un peu, Vulpinien; est-ce que le jeune homme ne serait pas venu par hasard causer avec vous de son idée avant de porter la pièce à Saint-Léger?

— Je n'en ai plus souvenance.

— Allons... interrogez bien votre mémoire.

— Ah! oui... je crois me rappeler qu'un jour un petit jeune homme est venu... mais il y a si long-temps...

— Et vous lui avez dit que sa pièce était détestable...

— Peut-être...

— Au moins celui-là a été plus hardi et plus remuant que les autres, et vous voilà pris dans votre propre piège.

— Farceur!

— Enfin que voulez-vous de moi?

— Vous comprenez très bien que Saint-Léger aimerait mieux être agréable à moi qu'à un débutant; mais il a donné sa parole... il faudrait, pour lui donner le courage de la retirer, l'effrayer un peu. Par exemple, Cléophas, vous pourriez, dans votre journal, dire d'avance beaucoup de mal de l'ouvrage du petit jeune homme... il n'a rien à vous donner, celui-là... qu'est-ce que ça vous fait? Saint-Léger redou-

tant les effets de votre critique pour la suite,
mettrait l'œuvre de côté. Un mot glissé en ma
faveur le déterminerait à venir à moi, car l'idée
est fort jolie, et le jeune homme pourrait
faire de son manuscrit des cornets pour MM.
les épiciers. Que pensez-vous de mon plan?

— Bien combiné... mieux combiné que celui de toutes vos pièces... mais il manque de
dénouement.... je veux dire de conclusion...

— Je comprends...

— Eh bien! la conclusion! Dieu que vous
avez l'imagination paresseuse pour les dénoue-
ments!

— Je vous donnerai la moitié de mes droits
d'auteur...

— Allons donc.

Pendant plusieurs jours le journal de Cléophas contint les plaisanteries suivantes :

« On dit que M. Saint-Léger vient de recevoir une pièce qui a été refusée par le comité
de lecture du théâtre de M. Comte. »

« M. Saint-Léger aime et protège la jeunesse;
tomberait-il en enfance? »

« M. Saint-Léger a tort de cueillir des fruits

verts pour les servir à son public ; cela agace
les dents, et quand on a les dents agacées, on
siffle. Avis charitable. »

« M. Saint-Léger va remettre en scène tout
le théâtre de Berquin. »

« Désormais au théâtre de M. Saint-Léger
toutes les avant-scènes seront réservées pour
les bourrelets et les maillots. Les nourrices res-
teront dans les corridors. Précaution. »

« M. de Saint-Léger prend maintenant les
auteurs au berceau et leur apprend à marcher.
Qu'il prenne garde aux chutes. »

Et puis plus tard :

« Une idée a moins de valeur par elle-même
que par la manière dont elle est mise en œuvre. »

« Le théâtre est la branche de littérature
qui demande le plus d'expérience et d'habitude du travail. »

« On dit que M. de Saint-Léger commence
à trouver que l'apprêt des bons morceaux demande à n'être pas confié à des cuisiniers no-
vices. Sagesse. »

« Le théâtre de M. Saint-Léger a sur la plan-

che un principe de succès ; qu'il sache le dé-
velopper. Nous verrons. »

« Une main habile tire des perles du scenario le plus informe.»

« M. Vulpinien, l'un de nos poètes dramatiques les plus distingués, vient de recevoir
une tabatière en or de l'empereur de Russie et
une bague en diamants du roi de Hollande.
Justice. »

Saint-Léger comprit ce que parler voulait
dire. Le jeune homme fut poliment congédié
et les trois actes de Vulpinien eurent cent cinquante représentations.

. . . .

Un capitaliste poursuivait dans les bureaux
du ministère la concession d'un privilége. Il
vint implorer la protection de Cléophas. Celui-
ci fit ses conditions qui furent acceptées ; mais
après la ratification du traité, il s'aperçut qu'il
avait oublié de demander un pot de vin, des
épingles, comme il avait l'habitude de le faire.
Là situation était délicate ; il était difficile de
revenir sur ce qui avait été fait. Cléophas fut
inspiré par la situation, il eut un trait de gé-

nie. Il prit la main du capitaliste, le conduisit
devant un tableau de maître qu'il avait dans
son cabinet et lui dit : — Que pensez-vous de
cette peinture? — Elle a du mérite. — On
m'en a offert dernièrement six mille francs ;
je vous la laisse pour cinq. — Le capitaliste
était trop fin pour ne pas entendre la plaisanterie. Il emporta pour cinq mille francs le tableau dont le commissaire-priseur le plus
habile n'aurait pas pu faire monter l'enchère à
plus de cinq cents livres.

. . . .

Rigolot est un auteur que protège Cléophas. Il a deux actes qu'il ne peut pas placer ; il les a déjà communiqués à huit ou
neuf directions. Refus unanime. Rigolot n'a
plus d'espoir que dans un seul théâtre, et surtout dans l'acteur très influent de ce théâtre,
qui par son emploi jouerait le principal rôle
de la pièce. Cléophas invite l'acteur à diner.
On lui lit l'ouvrage. Cléophas lui montre en
perspective des éloges foudroyants si le rôle
est joué par lui, — une critique cruelle et
impitoyable si la pièce est repoussée. L'acteur

se met en campagne et fait recevoir la pièce par son directeur.

Autre point de vue :

Florestan, premier comique du théâtre de Bordeaux, vient se jeter au milieu des orages de la scène parisienne. La première visite de cet homme habile a été pour Cléophas. Les deux renards se sont entendus. Pour se bien poser, Florestan a besoin d'un beau rôle : Cléophas le lui procurera. Il ménage une rencontre chez lui entre Florestan et Falembard, fournisseur ordinaire du théâtre. La tête de Méduse, c'est-à-dire le journal de Cléophas, produit son effet ordinaire. Florestan a son rôle. Le rôle et l'acteur sont sifflés ; Florestan retourne à Bordeaux, et l'auteur disparaît de l'affiche. Cléophas seul gagne quelque chose à tout ce tripotage.

. . . . , . . .

Cléophas surprit le secret des relations qui existaient entre une cantatrice jeune, jolie et déjà célèbre, et un personnage élevé. Le père de cette artiste était un ancien militaire, homme de cœur et de probité, qui adorait sa fille et faisait

sa gloire d'entendre partout vanter sa vertu.—
Et personne n'en doutait. — Ce vieillard était
alors en proie à une cruelle maladie de lan-
gueur, et la moindre émotion pouvait le tuer.
Cléophas eut l'exécrable idée de profiter de
toutes ces circonstances pour lever son tribut
sur cette malheureuse famille. Son journal
contint une première allusion aux amours si
bien cachées. L'étonnement fut général. Les al-
lusions devinrent plus transparentes. Cléophas
ne reçut aucune offre. Le personnage élevé ne
voulait pas se compromettre, et la jeune fille
était sans expérience. Enfin, le scandale des
révélations devint si grand, que la malheureuse
perdit la tête et prit la fuite. Le père mourut
de désespoir en apprenant le déshonneur de sa
fille. — Quant à elle, si vous visitez jamais un
établissement d'aliénés situé au centre de la
France et dans la position la plus pittoresque,
vous la reconnaîtrez parmi toutes ses infortu-
nées compagnes, à la distinction de ses manières, à la finesse aristocratique de sa main,
et à certaine mélodie d'opéra qu'elle chanta
bien souvent autrefois sur la scène, et qu'elle

répète sans cesse d'une voix douce et traînante.

Arrêtons-nous. Il aura la poitrine armée d'un triple airain, celui qui entreprendra d'écrire le *livre noir*, — de livrer au mépris public le récit des hauts faits de Cléophas.

Victor ne put supporter long-temps la vue de tant d'infamies : il avait le cœur sur les lèvres. S'il n'avait pas fait d'esclandre, c'était pour ne pas compromettre Polydore ; mais son indignation était à bout, et au premier moment elle pouvait faire explosion. Quinze jours s'étaient à peine écoulés depuis qu'il était entré dans le coupe-gorge, et déjà il éprouvait le besoin d'en sortir.

Un soir, en quittant le bureau, il déclara à Cléophas son intention de ne plus revenir.

— Quel est ce caprice, dit Cléophas?

— Ce n'est point un caprice, c'est une résolution bien arrêtée.

— Vous avez tort... j'étais très content de vos services, et plus tard...

— Et moi, je ne suis pas du tout content de vous...

— Ah! déjà de l'exigence?... Mais, mon

cher, je ne pouvais vous donner des appointements dès le début... Il faut bien faire un ap-
prentissage...

— Vous ne me comprenez pas... et vous me
donneriez une fortune que je ne resterais pas
ici...

— Pourquoi donc?...

— Parce que j'aimerais mieux mourir de
faim que de tremper les mains dans le commerce qui s'y fait...

— Ah! très bien... de grandes phrases...
vous êtes un puritain...

— Je suis un honnête homme.

— J'ai dit puritain par politesse... J'ai coutume d'appeler niais les hommes de votre
trempe...

— Et moi lâches et infâmes les gens de la
vôtre...

— A la bonne heure... vous êtes encore plus
jeune que je ne croyais...

— Vous me feriez haïr la vieillesse...

— La vieillesse, c'est l'expérience...

— Oui... mais l'expérience ne conduit pas toujours à la honte...

—Ecoutez moi, monsieur Victor... bien des

jeunes gens ont depuis trente ans occupé cette place que vous quittez... bien des débutants ont passé par là... Presque tous m'ont accusé... j'en ai converti quelques-uns... vous donnez de grandes espérances... je voudrais vous convertir...

— C'est pervertir que vous voulez dire.

— Va pour pervertir... je ne tiens pas à mon mot... je voudrais vous pervertir.

— Vous n'y parviendrez pas...

— Il est donc inutile que j'entreprenne cette tâche...

— Tout-à-fait inutile...

— Permettez-moi seulement de vous dire que vous me voyez sous des couleurs un peu trop sombres... Jetez les yeux autour de vous, et vous reconnaîtrez que je vaux autant, si ce n'est mieux, que mes confrères...

— Si vous me parlez de la presse de ruisseau... de la presse factice... de cette presse qui ne vit pas des contributions volontaires du public, mais de la faiblesse de ceux qu'elle attaque...

— Non... je vous parle de la presse régulière...

— Alors... vous me permettrez de traiter
votre opinion de paradoxe...

— Soit... mais je veux le soutenir...

— Ce sera un véritable tour de force...

— Je les aime...

— Mais il n'en restera pas moins vrai que
cette presse grande et régulière, ne demande
son salaire qu'à ceux que sa critique se charge
d'éclairer, tandis que vous, vous le demandez à ceux que votre critique devrait corriger...

— Oui, et voilà pour le journal... mais
l'homme... Et si je vous prouve que trop souvent le caprice, la corruption, la nature mauvaise et légère de l'homme auquel le journal
délègue ses pleins-pouvoirs de critique, nuisent bien plus à l'art que le calcul même
qui préside à mes opérations.... serez-vous
plus disposé à avoir pour moi quelque indulgence?

— Non... chez vous tout est spéculation, le
journal et l'homme... là-bas des accidents in-

dividuels ne modifient pas l'excellence du principe... ce sont des accidents et voilà tout...

— Vous me concéderez alors que comme
homme , je ne suis pas plus noir qu'un autre.....

— Cela dépend des hommes... J'espère que
dans vos attaques contre les individus, vous
respecterez Mélas , cet écrivain d'un goût si
pur, d'une probité si haute, et en même temps
si simple, dont les arrêts font loi dans le monde dramatique, et auquel sa verve vertueuse a
procuré d'incroyables bonnes fortunes de style
et de pensée...

— Soit... quoique cependant...

— Pas de restrictions... il est des caractéres
qu'il est défendu d'attaquer...

— Vous me concéderez aussi Léonin, dont
la marche est un peu lourde, mais qui va toujours honnêtement à son but. Jamais vous n'a-
vez pu saisir dans les feuilletons de celui-là
un mot qui n'ait pas été dicté par la conscience.
Il ne connaît ni amis, ni ennemis. C'est le véritable critique n'ayant en vue que les intérêts
de la littérature et prêt à s'attaquer lui-même

le lendemain du jour où il les aurait méconnus....

— Je vous accorde Léonin...

Et Cléon, ce feuilletonniste consciencieux, qui parle convenablement des théâtres dans un journal d'église, juge les pièces et les artistes avec une haute impartialité, et défend les belles et saines doctrines littéraires dans un langage plein de pureté et d'élévation...

— Je vous passe Cléon...

— Et Dulio, paradoxal, spirituel, brillant, indépendant, sur lequel personne n'a jamais eu prise, et que la bonne cause trouve toujours au premier rang.

— Encore Dulio... En avez-vous assez ?

— Le journalisme peut heureusement me fournir encore de beaux modèles... et si je voulais chercher...

— Vous renoncez ?...

— Oh ! si la discussion avait plus d'importance...

— Je comprends... C'est une retraite honorable...

— Je ne vous le concède pas.

— Je le prends sur moi. A mon tour...

— Voyons...

— Vous avez entendu parler de Bolas, dont la polémique incisive emporte la pièce et fait blessure... Dans ses feuilletons, point d'ordre, de logique, d'esprit de suite, de système arrêté... mais de temps en temps de ces coups de lanière qui font crier le patient... vous suivez tranquillement le cours d'une phrase limpide et tranquille, et tout à coup au détour de cette phrase vous entendez cingler le fouet... C'est Bolas qui avait fait d'abord patte de velours et attendait son homme au bon coin... Son style, ordinairement lourd et rétif, prend, lorsqu'il s'agit de dire une méchancté, des allures tout-à-fait vives et accortes... Cet homme a le génie des mots cruels... son sarcasme est bref et porte coup... il siffle un instant à l'oreille, puis entre dans la peau... Bolas est bien dangereux pour ses ennemis... et il en a beaucoup. S'il employait son dangereux talent à fustiger les ridicules et à défendre l'art contre ceux qui le galvaudent, il pourrait être utile. Bien que la forme de critique qu'il a

adoptée n'ait pas grande valeur en elle-même,
elle rendrait pourtant des services. Elle effraye-
rait les médiocrités ambitieuses. Mais Bolas est
bien le plus singulier personnage que vous
puissiez imaginer. Léger, capricieux, fantasque,
l'art ne le précoccupe nullement ; il écrit toujours sous l'influence de ses impressions per-
sonnelles. Si un acteur lui plaît à la ville, il est
excellent au théâtre. Vous êtes auteur, Bolas vous
rencontre sur le boulevard ; la forme de votre
habit, ou la manière dont vous mettez votre
chapeau, le choquent... Bolas tuera votre
premier ouvrage. « Ah ! c'est là Telespos, ce
romancier célèbre, dit Bolas ; il ne sait pas
porter sa tête. » Et le lendemain le feuilleton
de Bolas conteste la réputation de Telespos.
Presque tous les jugements de Bolas sont for-
mulés avec la même conscience. Il en rit lui-
même. Il tient si peu à tout ce qu'il dit ! Il
exalte aujourd'hui ceux qu'il a abaissés hier,
et d'une heure à l'autre il renverse de leur
piedestal factice les médiocrités qu'il a élevées
bien haut. Il n'est pas difficile à ramener. Le
moindre sourire, la moindre avance le sédui-

sent; on est tout étonné de le trouver si accom-
modant et si tendre. Voilà donc ce loup dont
la dent nous paraissait de loin si longue et si
aiguë; c'est un agneau caressant. Ne vous y
fiez pas trop. Bolas est une girouette qui tourne
à tous vents. Il ne prend jamais d'engagements
sérieux avec lui-même. Il vous caresse, il va
vous égratigner. Vous lui demandez pourquoi;
eh! mon Dieu! il n'en sait rien. C'est peut-
être parce que vous vous êtes assis devant lui au
spectacle; peut-être parce que vous avez une
cravate d'une autre couleur que la sienne,
peut-être parce qu'il fait froid, peut-être parce
qu'il fait chaud; peut-être parce que la Russie
est au nord, et l'Espagne au midi.

— Que conclurez-vous de tout cela?

— Que la plume de Bolas ne défend pas
mieux que la mienne les intérêts sacrés de l'art
et qu'en outre on ne sait jamais sur quoi compter avec elle... Chez moi au moins on connaît
son affaire... Il y a un tarif et les prix son co-
tés à la bourse. On est sûr de son avenir.

— Merveilleusement raisonné...

— Je me préfère à Bolas... qu'en pensez-vous?

— Je ne suis pas de votre avis...

— Entendons-nous... au point de vue personnel je préférerais peut-être Bolas à moi...

— Vous vous rendez justice...

— Toujours... Mais au point de vue des autres, je me préfére à Bolas.

— Vous ne voulez parler que des lâches...

— Je vous parle des gens qui sont devant le public et qui ont de l'amour-propre. Ils en ont tous.

— Je n'aurai jamais celui-là.

— Vous n'avez pas encore vécu... attendez.

— J'espère bien que vous êtes un mauvais prophète...

— Vous parlerai-je maintenant de Lanios, qui aime tout le monde et que tout le monde aime. Sa bienveillance est universelle, elle s'étend sur toute la nature. Il n'a jamais trouvé le moindre mot de reproche à adresser à personne. Pour lui les ténors chantent toujours juste, les actrices sont toujours jolies, les au-

teurs ont toujours de l'esprit. Ses comptes-ren-
dus finissent par cette formule invariable : « la
pièce a réussi.» Ce n'est pas lui qui aurait trouvé
le : « l'auteur est un homme d'esprit qui pren-
dra bientôt sa revanche. » Il aurait trouvé cela
un peu trop dur. Ses approbations sont nettes
et bien tranchées. Il n'a pas besoin d'avoir recours aux atténuations consolatrices. Il voit
tout en rose. Après une première représentation, il adresse des éloges à tout le monde, et
même aux figurantes et au souffleur. Il voudrait que le théâtre n'eût qu'une seule tête ;
pour pouvoir la couronner de lauriers du même
coup. Tout est bien, voilà le refrain de Lanios.
C'est l'optimiste le plus complet que l'on ait
vu depuis long-temps. Il mourra en bénis-
sant l'univers.

— Eh bien !

— Eh bien ! croyez-vous que Lanios, avec
son sourire éternel, soit un meilleur défenseur que moi des intérêts de l'art...

— Faut-il encore vous dire que je le préfère à vous ?

— Je ne demande pas la préférence, je demande à soutenir la comparaison.

— La probité donne l'avantage à Lanios.

— Croyez-vous qu'il y ait probité à user de
cette façon du pouvoir que vous a remis un
journal ? Il vous a chargé d'éclairer ses lecteurs sur le mérite des œuvres contemporaines
et vous les trompez ? Que dis-je ? vous les vo-
lez ; car souvent vous les engagez à acheter un
livre qu'ils trouvent mauvais, à aller voir une
pièce qui les ennuie. Pour ma part, j'estime
fort peu un homme qui jette de l'eau bénite à
tout et à tous. Ce pauvre Lanios a fait de sa
plume un goupillon.

— Vous en avez fait un poignard.

— Il y a plus de courage à se servir de l'un
que de l'autre !

— Méprisable courage !

— Héro forme contraste avec Lanios. C'est
le docteur tant-pis de la critique. Tout est
mal ; il sabre sans pitié le personnel dramatique. Les auteurs sont bêtes, les actrices
maniérées, les musiciens barbares ; personne
ne trouve grâce devant lui, il fait sans cesse

appel à nos gloires passées, — Raucourt, Talma, Baron, Lekain, — sans oublier Molière, Racine, Marivaux et Lesage. Si on l'en croyait, nos théâtres seraient rasés et on sèmerait du sel sur leurs ruines. Un artiste donne-t-il des espérances, Héro fauche aussitôt ces espérances ; il détruit l'avenir en l'accablant sous le poids du passé. Si Héro régnait seul dans le domaine de la critique, l'art périrait de découragement... Moi je le saigne quelquefois... mais je ne le tue pas...

— L'avilir, c'est le tuer...

— Encore une grande phrase ! Faut-il poursuivre ? Voyez Biron, auteur-journaliste, qui ne s'est chargé d'un feuilleton que pour tracasser les chers confrères qui ont refusé sa collaboration... et Lampas, vieux loup de coulisses, qui, sur la fin de sa vie, satisfait à coups de plume ses rancunes de trente ans... et Rilodoron...

— Assez ! assez !

— Vous êtes donc convaincu...

— Pas le moins du monde...

— Pourquoi sortez-vous donc de la discussion ?

— Par dégoût...

— Et moi qui espérais vous retenir auprès de moi...

— Je vous quitte...

— Au revoir...

— Adieu...

A quelques pas de là, Victor rencontra Polydore. Il lui redit toute la conversation qu'il venait d'avoir avec Cléophas.

— Ce qui m'afflige le plus dans cette affaire, ajouta-t-il, c'est que je vous aurai peut-être nui dans l'esprit de cet homme, à vous qui n'avez jamais cherché qu'à me rendre service et de la manière la plus désintéressée du monde... Je l'ai traité d'une façon assez brutale, et il est fort possible qu'il vous en garde rancune...

— Ah bah ! reprit Polydore, Cléophas est cuirassé... et une éclaboussure de plus ou de moins... d'ailleurs je lui prendrai encore un abonnement et cela suffira pour l'empêcher d'aboyer.

V

La Lettre.

— Tu dis donc, mon vieil ami, qu'arrivé à Dresde, tu ne pus avoir aucune nouvelle de ma mère, et que depuis, toutes tes recherches ont été infructueuses...

— Oh! mon Dieu, toutes!

— Tu ne conserves aucun doute?

— Aucun... mon opinion est que la pauvre femme, effrayée par l'approche des ennemis, aura quitté la ville avec l'armée française, et qu'elle aura reçu quelque mauvais coup au milieu de la bataille... car sans cela vous comprenez bien que d'un côté ou de l'autre nous aurions su... Mais que diable! Monsieur Victor, vous devez connaître toute cette histoire-là mieux que moi... car voilà plus de cent fois que vous me la faites raconter...

— C'est que, vois-tu, mon vieil ami, lui dit Victor avec un certain embarras... j'avais besoin de m'assurer encore... mais va faire la commission dont je t'ai prié de te charger.

— Oui, porter cette lettre à la poste...

— Amélie est sortie ?...

— Vous savez bien qu'elle a été faire visite à une personne qui lui confie de l'ouvrage... ici... à côté...

— C'est bien... va, mon ami, va...

Victor prononça ces mots d'une voix attendrie et suivit l'invalide des yeux jusqu'à ce qu'il eut quitté la chambre.

Dès qu'il entendit retentir ses pas sur l'escalier, il ouvrit une armoire, en tira un pistolet qu'il chargea en disant :

— Allons... du courage... je ne puis triompher des rigueurs de ma destinée... ma mère

n'existe plus... ma vie n'appartient qu'à moi...
du courage...

Et il allait mettre son horrible projet à exécution... déjà le canon du pistolet était tourné
vers le visage, lorsque trois coups furent frap-
pés à la porte. Victor se hâta de cacher l'instrument de mort.

On entra ; c'était l'invalide qui apportait
une lettre à l'adresse de M. Victor que la portière venait de lui remettre.

Victor l'ouvrit, et quelle fut sa surprise
lorsque sous l'enveloppe il trouva quatre billets
de banque de mille francs.

— Excusez... dit l'invalide... si l'administration est souvent chargée d'en charrier dans
ce genre-là, je ne m'étonne plus que les voleurs
arrêtent les malles-poste.

Victor se hâta de lire la lettre. Elle conte-
nait les lignes suivantes :

« Monsieur,

« Je suis un ancien ami du général Lambert,
« un homme auquel il a rendu les plus grands
« services. Ne pouvant témoigner ma recon-

« naissance au père, il est de mon devoir de la
« reporter sur le fils. Des informations précises
« m'ont appris, Monsieur, les difficultés de
« votre position. Je suis trop heureux de vous
« prêter mon concours pour vous aider à les
« vaincre. J'espère que mes efforts ne s'arrê-
« teront pas là ; ne perdez pas courage et mar-
« chez. Ne cherchez pas à me connaître; tou-
« tes vos investigations seraient inutiles. Des
« motifs qu'il m'est impossible de vous révé-
« ler m'ordonnent de vous cacher mon nom. »

— Ah ça ! mon ami, dit Victor à l'invalide,
connais-tu des gens auxquels mon père ait
rendu de grands services ?

— Pardine... il n'a fait que ça toute sa vie,
ce brave Lambert...

— Mais voyons... rappelle bien tes souvenirs...

— D'abord, il y a le chef-d'escadron Petit,
qui avait été condamné à mort pour lui avoir
manqué lorsqu'il était colonel, et qu'il a fait
évader sans que personne s'en doutât... il n'y
a que lui et moi qui ayions eu connaissance de
cela dans le temps...

—Le chef-d'escadron Petit... et puis...

— Et puis le colonel Briquemaille, qui était
dégoûté du service parce que l'Empereur l'a-
vait pris en grippe, et auquel le général Lambert prêta une grosse somme d'argent pour
qu'il put passer dans l'Inde... On dit qu'il est
devenu là-bas général, général-en-chef, général du tremblement, et qu'il y a amassé de l'or
et des diamants à remuer à la pelle...

— Serait-ce lui ?

—Enfin j'ai connu aussi le petit capitaine
de Cherville, un farceur fini... il allait perdre
son épaulette la veille de la bataille d'Auster-
litz... mauvais moment... à cause de ses nom-
breux créanciers qui étaient allés se plaindre
au petit Caporal et qui l'avaient joliment mis
en colère... C'est encore le général Lambert
qui l'a tiré de là... Il n'avait rien à lui, le pauvre homme, c'est peut-être pour ça qu'il en a
laissé si peu...

— Et tu n'as eu depuis des nouvelles de ces
trois officiers ?

— Ma foi non... je ne sais pas s'ils sont
morts ou vivants... je pencherais plutôt pour

le *defunctibus*... car depuis quinze ans tous les vieux de la veille descendent joliment la garde; j'attends mon tour de dégringolade... nous en avons tant porté sur nos épaules depuis Fleurus jusqu'à ce gueux de Waterloo...

— Mais si l'un d'eux, dit Victor en sortant de ses réflexions, a voulu reconnaître d'une manière aussi délicate les services de mon père, comment a-t-il pu savoir...

— Monsieur Victor, monsieur Victor, ici je mets le doigt sur la chose... le vieux soldat est bavard... est-ce que je n'ai pas raconté vingt fois à l'hôtel toute votre histoire? et où vous êtes né, et comment vous êtes arrivé à Varsovie, et notre retour en France, et ce que vous faisiez, et ce que vous ne faisiez pas... quelque vieux lapin de la Grande-Maison aura jasé sur votre compte par-ci ou par-là... et voilà comment la personne en question aura été informée de vos affaires...

— Tu as raison...

— Du reste, mon avis est que c'est là du bien légitimement acquis... d'ailleurs à qui le renverriez-vous?

— C'est vrai ! nul moyen...

— Eh ! mon Dieu ! cet argent-là est tombé ici comme dans une espèce de souricière... pas d'issue ; du reste, il ne pouvait mieux tomber.

— Eh bien ! je l'accepte, s'écria Victor en se frappant le front...

— Pardine ! vous ne pouvez pas faire autrement...

— Et je jure, dit le jeune homme avec une certaine solennité, de l'employer d'une ma-manière utile, conforme aux leçons que l'expérience m'a données, de manière à me faire un nom glorieux, un nom digne de celui de mon père. Et toi, ô mon bienfaiteur inconnu ! qui que tu sois, et dans quelque position que je sois placé plus tard, tu trouveras toujours dans Victor Lambert un cœur reconnaissant et un dévouement sans bornes. Je le jure.

— Très bien ! reprit l'invalide !

— Et maintenant, s'écria Victor en prenant une pose inspirée, puisque l'argent est un levier... l'avenir est à moi !

— Vive l'Empereur !!!

VI

Encore l'Enfer.

Victor avait long-temps réfléchi à la conduite qu'il devait tenir et ne s'était encore arrêté à aucune idée. Il voyait bien dans le loin-
tain le but qu'il voulait atteindre; mais comment y parvenir? Il avait en main l'instrument.
Comment s'en servir?

— Que faire, se disait-il? en se frappant
le front... que faire?

— Vous laisser être heureux... lui répondait Amélie.

— Je ne le serai que lorsque j'aurai essayé mes forces... Si mon destin est d'être
grand et illustre, je veux tenter mon destin...
D'ailleurs j'ai jeté mon bâton dans les retran-
chements ennemis; il faut que j'aille l'y chercher: mon honneur y est engagé. J'ai une vengeance morale à tirer de tous ces hommes qui
m'ont repoussé et bafoué. Ils sont petits, il
faut que je le leur prouve...

— Ils vous haïront...

— Mais je ne les craindrai plus... Lorsque
je serai au-dessus d'eux ils me lècheront les
pieds. Quand j'étais au-dessous, ils me marchaient sur la tête. Ils sont ainsi faits, les misérables!...

— Victor... Victor... pourquoi ne pas vous
endormir dans l'amour...

— Le réveil est trop cruel...

— La gloire n'a-t-elle pas ses déceptions ?

— Je veux les connaître... Mais que faire?
Puis après une pause :

— Oui c'est cela... point de fausse délicatesse... j'arriverai malgré eux et par eux...
prenons la route qu'ils prennent... ils m'ont

dévoilé leurs artifices... je saurai en user...
le sentier est sale... mais c'est celui qui
conduit à la grandeur... Après l'ouvrage fait,
je me laverai les mains et je dirai ce que je
pense... mais il faut passer par où tout le
monde passe...

— Vous partez déjà, mon ami...

— Oui, Amélie... mais ne travaillez donc
plus ainsi ... vous vous abîmez les yeux... vous
avez travaillé depuis trois mois... pour moi...

— Pour nous...

— Aussi... vienne la fortune, Amélie, et
je vous prouverai que je ne suis pas un ingrat... Vous pleurez ?...

— Pourquoi prenez-vous plaisir à m'affli-
ger...

— Comment !

— L'intérêt a-t-il donc été le guide de ma
conduite ?

— Amélie... ce n'est pas ce que j'ai voulu
dire...

— C'est très mal... avouez que c'est bien
mal...

Un baiser réconcilia les deux amants.

— Ah!... reprit Amélie... si vous vouliez, si vous n'étiez pas ambitieux, nous pourrions mener une existence si calme, si tranquille...

— Ne plus être ambitieux!... je voudrais le devenir cent fois plus encore!

Amélie baissa la tête avec résignation, et se remit à l'ouvrage.

— Je vous le répète, Amélie, dit Victor... je ne veux plus que vous travailliez... nous pouvons nous passer de cela maintenant...

— Et moi, Victor, je veux continuer à travailler... depuis que, grâce à vous, j'ai retrouvé mon ancienne existence, l'existence de ma première jeunesse, j'ai senti se réveiller dans mon cœur tous les bons sentiments qui y germaient autrefois... L'oisiveté me tuerait... et puis c'est une mauvaise conseillère... j'étais née pour vivre du travail de mes mains... je ne sortirai plus de ma condition...

Victor admira cette femme, naguère vivant dans une oisiveté si brillante, et qui sans effort revenait ainsi au point d'où elle était partie.

Notre héros se rendit chez Cléophas.

Celui-ci fut bien étonné en le voyant. Ordinairement lorsqu'on rompait avec lui de la façon que Victor avait adoptée, on ne remettait guère les pieds dans son cabinet.

— Eh quoi !... vous voilà, s'écria-t-il ? Auriez-vous donc fait de sages réflexions... Mon système vous apparaîtrait-il dans son véritable jour ?

— Il m'inspire toujours le même dégoût.

— Que voulez-vous donc ?

— Me servir de vous !...

— Vous êtes donc bien riche...

— Assez riche pour vous payer...

— C'est bien. Mais permettez-moi de vous faire une petite remontrance amicale. Vous voyez que vous vous êtes trop hâté de faire le dédaigneux et que mes idées ont cependant du bon. Car enfin vous revenez.

— Je vous répète que je viens pour me servir de vous.

— Eh bien...

— Entre me servir de vous et vous servir, il y a une immense différence...

— Immense... la même qu'entre le maître et le valet.

— Au moment où je vous ai quitté, j'étais dans la situation d'un homme désespéré et qui n'a plus contre ses maux d'autre remède que le suicide... en face de moi était la misère, la hideuse misère, avec son cortége de mépris, de privations, de hontes et de sarcasme... Eh bien! même pour éviter la misère, même pour éviter le suicide, je n'aurais pas voulu descendre à faire le métier que vous faites.

— C'est un système...

— Mais maintenant j'ai de l'argent... les hommes sont assez méprisables pour vous redouter, pour courber la tête devant vous... il faut prendre la nature humaine telle qu'elle est... je veux me servir de vous comme instrument...

— Cela prouve au moins que je vaux quelque chose...

— Parce que les hommes ne valent rien...

— J'ai donc sur eux un avantage...

— Oui... l'avantage qu'a Satan sur nous...

celui de concevoir le mal et de nous le faire
faire...

— Je me contente de cet éloge...

— Vous n'êtes pas difficile.

— Votre plan est bien conçu... mais il manque une petite chose pour sa mise à exécution...

— Quoi donc ?

— Mon consentement...

— Vous le donnerez... j'ai de l'argent...

Et Victor déposa sur la table trois billets de
mille francs.

— Vous avez raison. L'argent est un argu-
ment excellent et auquel je n'ai guère l'habitude de résister... Et d'ailleurs, je vous l'avoue-
rai, vous m'intéressez vivement...

— Je vous remercie...

— Vous avez du nerf... vous auriez réussi
dans ma partie...

— Je vous ai déjà exprimé mes sentiments...

— Oui... et d'une manière assez énergique...
cela ne m'a pas déplu... Mais enfin que faut-
il faire pour vous ?

— Je veux me créer une réputation au théâtre.

— Le rêve de toutes les ambitions littéraires...

—Jusqu'à présent j'ai choisi la plus mauvaise
route...

— Le travail...

— Précisément... je n'ai trouvé que des
rebuts et des duperies...

— Les jeunes gens n'en font jamais d'autres.

— Vulpinien m'a pris une idée... ou plutôt
une pièce tout entière...

— Cela ne m'étonne pas... je parie qu'il
s'agit de son dernier succès... le plus beau de
tous...

— Vous avez deviné juste...

— Quel renard que ce Vulpinien !...

— Maintenant vous savez ce que j'exige de
vous...

— J'ai parfaitement compris votre affaire...
Quelques mots mystérieux sur un jeune talent
qui s'est révélé tout-à-coup... lecture d'une
comédie du plus grand effet dans un salon du
faubourg Saint-Germain... puis un article sur
M. Victor Destaillis, jeune poète comique de
la plus haute espérance... vaudevilles reçus à

plusieurs théâtres et sur le point d'être mon-
tés... Répétez plusieurs fois le même nom
dans les petites phrases de la fin du journal...
Soyez tranquille... on viendra à vous... vous
serez servi à souhait...

— Pour mon argent...

— Pour votre argent. Après cela je pourrai
vous présenter, si vous le voulez, à quelques
directeurs...

— Faites-vous payer cela?

— Non... C'est une marque d'estime particulière.

— Cela me coûterait beaucoup trop cher.

— Du reste, nous pourrions, si vous le
voulez, y mettre un prix.

— Non... non... toute réflexion faite... il est
déjà assez honteux d'être obligé de passer par
votre journal... je ne veux pas encore passer
par vos mains.

— A votre aise.

Victor fut effectivement servi à souhait par
Cléophas. L'aristarque à prix fixe employa
pour le servir toutes les ruses de sa polémique
ordinaire. On se demanda bientôt dans les

foyers ce que c'était que ce nouveau prodige
qui surgissait à l'horizon.

Disons-le à la louange de Cléophas; il fit
bonne mesure et y mit même du sien. C'était
après tout une nature corrompue, mais forte,
et il éprouvait de la sympathie pour tout ce
qui était fort.

VII

Latournelle.

Un beau matin, Victor reçut la visite d'un
Monsieur à la tournure assez débraillée et aux
manières sans façon, qui lui dit aussitôt :

— Vous ne me connaissez pas ?

— Je n'ai pas cet honneur...

— Je me nomme Latournelle.

Victor fit un signe de tête qui signifiait :

— Je ne connais pas davantage...

— Oh ! c'est prodigieux... j'ai pourtant fabri-
qué avec plus ou moins de collaborateurs près

de cent vaudevilles... il est vrai que je ne me nomme presque jamais... vous comprenez... à cause de mes créanciers... et puis je suis d'une modestie... ou plutôt d'une maladresse... Je ne figure pas dans la moindre *Galerie illustrée des célébrités contemporaines*... tandis que j'ai de mes confrères qui avec un quart de vaudeville ou une scène de mélodrame font une poussière !... Ils se pavanent dans le *Panthéon charivarique* et parviendraient à obtenir une place dans l'autre Panthéon... le grand... celui de la rue Saint-Jacques... tout en haut... si l'on pouvait encore intriguer après sa mort. Enfin que voulez-vous... je suis comme cela... il est impossible de se refaire... Maintenant vous savez qui je suis... Latournelle... auteur avec un ou plusieurs collaborateurs de près de cent vaudevilles...

— En voilà une langue ! dit tout bas l'invalide qui était assis dans son coin...

— Vous vous demandez sans doute quel peut être l'objet de ma visite... je vais vous le dire. Mais permettez-moi de prendre une prise de tabac.

Pendant qu'il prenait une prise de tabac,
Victor lui avança une chaise.

— Figurez-vous, Monsieur, que j'ai mal
aux yeux et de plus la goutte à la main droite...
ce qui m'empêche absolument d'écrire. C'est
gênant, n'est-ce pas, pour un faiseur de vaudevilles? Cette double infirmité tomba sur
mon malheureux individu à l'époque où je
venais d'avoir mon premier succès... un ma-
gnifique succès... c'était au théâtre de M. Comte... un seul petit acte, mais fort gentil.
Quelques cabaleurs en bas-âge eurent l'infamie
de siffler... et la direction prit ce prétexte pour
ôter ma pièce de l'affiche et ne la plus re-
jouer. Mais je n'en soutiendrai pas moins
jusqu'à la mort que mon petit acte était charmant... je l'ai remis depuis en opéra-comi-
que. Vous me suivez bien, n'est-ce pas?

— Je vous suis...

— Malgré ma goutte à la main droite, je me
demandai s'il fallait renoncer au théâtre, au
moment où la muse comique semblait m'offrir
toutes ses palmes... C'eût été niais... d'ailleurs,
après une jeunesse fort orageuse, je n'avais

aucune ressource d'avenir... que faire ? je
résolus de rester au théâtre. Mais il fallait m'y
créer une industrie toute particulière. C'est à
quoi je parvins... Je lisais tous les romans
nouveaux, puis lorsque j'y avais trouvé un
sujet de vaudeville, je le portais à un confrè-
re. Il faisait, c'est-à-dire, il écrivait la pièce;
dès qu'il avait mis au bas de son manuscrit le
mot *fin*, le reste me regardait. J'allais lire
la pièce aux directeurs, je pressais la mise au
tableau, je suivais les répétitions. C'est ainsi
que j'ai travaillé avec nos auteurs les mieux
posés, avec l'illustre Riban, le célèbre Titon,
le spirituel Déterville, le fécond Mirotard...
et tant d'autres. Mais ils me repoussent maintenant... ils sont devenus jaloux de moi depuis
que j'ai cent pièces au répertoire... la gloire
est toujours persécutée. Je suis réduit à
aller chercher des collaborateurs, des gens
qui puissent écrire pour moi, parmi les jeunes
débutants...

— Et c'est à ce titre que vous vous adressez
à moi?..

— Justement. J'ai lu dans le journal de

Cléophas l'éloge pompeux qu'il faisait de
votre talent... J'ai été le voir... c'est un ancien ami... je connais tout le monde. Il
m'a fait de vive voix votre panégyrique... il m'a
parlé fort chaudement... Peste!.. vous êtes bien
dans ses papiers. Il m'a raconté votre aventure avec Vulpinien... Ce Vulpinien est un
misérable pirate... toujours vivant aux dépens
des autres... il mourra dans l'impénitence fi-
nale... Bref, Cléophas m'a engagé à vous faire
une petite visite et à vous proposer ma collaboration.

— Je vois bien en quoi je pourrai vous être
utile...

— Parbleu !.. ça se voit du premier coup-
d'œil... en raison de ma goutte à la main droite...
maudite goutte !

— Mais je ne comprends pas aussi bien comment vous pourrez m'être utile, à moi ?

— On voit bien que vous ne connaissez pas
le théâtre...

— C'est vrai...

—Vous avez déjà essayé d'y faire votre chemin...

— Oui...

— Eh bien !... vous pouvez m'en dire des nouvelles... de quelle nature sont-elles ?

— De la plus mauvaise...

— Parbleu ! pour faire son chemin au théâtre, il faut avoir le courage d'affronter le début, et le début est rude ! Heureux ceux qui ont traversé ce pas difficile ! Tous les caractères ne s'y font pas. Or, il y a long-temps que j'ai franchi la barrière. Je viens vous apporter le tribut de mon expérience ; je viens vous faire partager le prix de mes victoires et de mes fatigues.

— Nous verrons...

— Songez donc que pour se mouvoir un peu à l'aise dans les coulisses, pour avoir chance de réussir, de faire accepter ses œuvres, de les voir jouer, il faut être *de la partie*, comme on dit... et je suis de la partie... c'est beaucoup. Lorsque je sonne à la porte d'un directeur, il sait qui je suis, il m'accueille, il accepte les idées que je lui soumets... et qu'est-ce qu'une idée ? rien... et cependant de là à se voir mis en scène, à entendre ses phrases et ses couplets dans la bouche d'un acteur, il n'y a pour moi qu'un pas... vous me direz que dans cet intervalle il y a pourtant la confection de l'œuvre... Eh bien! la confection de l'œuvre, c'est peu de chose... Et les jeunes gens croient que c'est tout! Oui, faire la pièce, c'est peu de chose... la faire jouer, c'est tout!

—D'après ce que j'ai vu jusqu'ici, vous avez peut-être raison.

— Otez le *peut-être*... nous autres auteurs connus, quoique nous n'ayons pas d'engagements comme les acteurs, nous faisons partie du personnel du théâtre. Il y a entre les directeurs et nous une sorte de compromis tacite qui les empêche de s'adresser à d'autres qu'à nous. On a vu des écrivains fort bien placés d'ailleurs ; mais qui n'avaient jamais abordé les planches, être obligés de passer sous nos fourches caudines et ne toucher qu'un quart des droits de la pièce qu'ils avaient faite. Je le répète, nous sommes de la partie... Être de la partie ne veut pas toujours dire qu'on ait fait ses preuves et qu'on ait obtenu de grands

succès... Cette expression implique des relations de coulisses, des habitudes de foyer. J'ai
mes entrées partout... je vois mon monde tous
les soirs; je tutoie les acteurs, les directeurs, les
machinistes... Quand on m'aperçoit, on sait
ce que j'ai à proposer, ce que j'ai à demander...
Je suis de la maison... on est toujours disposé
à parler affaire avec moi, et l'on ne s'informe pas d'où je viens... je suis faiseur
de pièces... voilà tout... mon enseigne est
en plein vent... et je n'ai pas besoin d'écrire
sur mon chapeau : *C'est moi qui suis Guillot ,
pasteur de ce troupeau.*

— Vous avez une influence d'habitude...

— Le mot est vrai... Et puis, moi, je ne
partage pas l'opinion de quelques-uns de mes
confrères qui ont organisé entre eux une sorte
de franc-maçonnerie , dans laquelle ils re-
fusent d'admettre de nouveaux néophytes.
Avec un pareil système, on s'éteint sans se renouveler. J'aime mieux le *Phénix* qui renaît
de ses cendres. Non pas que je veuille me
comparer à lui... mais tout se reproduit dans
la nature... pourquoi l'auteur dramatique ne

se reproduirait-il pas?... Ainsi je favorise la
jeunesse... je la pousse... je l'encourage... je la
fais percer...

— Et pour cause?..

— Comment?..

— Oui... cette maudite goutte à la main
droite...

— Oh! oh!.. nous avons le mot pour rire...
Tant mieux... une pointe de gaîté fait bien
dans un vaudeville... c'est le grain de sel , c'est
le coup d'éperon... On a vu un bon mot décider
le succès d'une pièce... Bravo!... en résumé,
vous avez du talent, Cléophas vous veut du
bien , j'ai de l'influence chez les directeurs...
avec tous ces éléments réunis, nous pouvons
faire jouer quelques pièces... je gagnerai un
peu d'argent, et j'en ai grand besoin ; vous vous
ferez connaître , et quand nous aurons assez
l'un de l'autre, nous nous séparerons... Est-ce
convenu?

— C'est convenu.

— Parfait. Maintenant , vous allez m'offrir à
déjeûner, et tout en déjeûnant vous me parlerez d'une idée de pièce que j'irai proposer au-

jourd'hui même à quelque directeur... Dès demain, vous pourrez vous mettre à la besogne. Je vous donnerai seulement les petits conseils de métier... Après l'idée, c'est dans *le métier* que réside la véritable force d'un vaudeville !

On déjeûna, et Latournelle emporta son idée.

Au bout de deux ou trois mois de travail, de courses et de déjeûners, Latournelle et Victor avaient quatre ou cinq vaudevilles reçus dans différents théâtres.

VIII

Désenchantement.

Tout jeune homme d'imagination, et qui n'a pas encore trouvé l'occasion d'épancher sa verve, a son sac aux idées qu'il vide à la première occasion. Quelques-unes datent de loin, — du collége, du premier élan de la jeunesse, des premiers rêves d'amour et de gloire. Jamais écrivain n'en a de plus fraîches et de plus vives. Le premier livre d'un écrivain est presque toujours le meilleur, — quand ce n'est pas le dernier. Mais si celui-ci a les mérites de la per-

fection et de l'expérience, il n'a presque jamais
le charme et la vive allure de l'autre.

Quand Victor eut vidé son sac, **il songea à
ses amis.**

Il courut là où il avait coutume de trouver **un
calme heureux** et le repos du cœur.

Madame Blouot était seule.

Elle lui sembla plus triste que de coutume.
Victor s'informa avec une affectueuse inquiétude des motifs de son chagrin.

— C'est l'état de ma fille qui m'inquiète, dit
madame Blouot...

— Qu'a-t-elle, s'écria vivement Victor?

— Cécile, comme toutes les âmes ardentes
et qui s'impressionnent fortement, a vu le
théâtre à travers un prisme favorable et trom-
peur... Elle a cru que lorsqu'on avait du talent,
on n'avait qu'à en faire preuve pour réunir tous
les suffrages et triompher de tous les obstacles.
Elle n'a pas tenu assez compte de l'opinion
factice qui se forme à côté de l'opinion véritable, et parvient quelquefois à la corrompre et
à la dominer. Ces louanges achetées, ces applaudissements de commande, ces influences

cachées qui règnent depuis le cabinet du directeur jusque dans la salle, la blessent et l'humilient. Elle est franche, honnête, et ses vertus même lui nuisent. Tous les jours, la méchanceté s'attache à ternir sa réputation et lui fait verser des larmes. Son talent, que récompense souvent le public, lui attire des ennemis et exaspère ses rivales, qui trouvent trop souvent dans l'intrigue les moyens de lutter contre elle et de la désespérer par un triomphe momentané. Elle ne sait pas se défendre, elle, timide et inexpérimentée. Elle s'éteint et dépérit au milieu de cette vie de ruses et d'intrigues. Cette atmosphère brûlante la tue. Elle était née pour une autre vie. Elle en est au désenchantement et à l'abattement moral. Ah ! je tremble pour elle !

— Voudrait-elle quitter la carrière qu'elle a embrassée ?

— Oh ! non... elle aime toujours de toutes les forces de son âme le théâtre et ses brillants succès... Sa probité s'indigne des obstacles qu'elle rencontre ! mais sa passion ne fait que s'en accroître. Elle s'attache à la scène avec

une sorte d'ardeur maladive et fièvreuse. C'est
toujours de la vocation , mais une vocation dé-
sespérée... Et c'est justement là ce qui m'ef-
fraie... Ah ! Dieu m'est témoin que si j'avais la
force d'arracher ma fille au culte de son idole,
je le ferais avec joie !

— Pauvre Cécile !

— Et vous, monsieur Victor, êtes-vous heureux ?..

— Je m'étourdis... je cherche dans les agitations de la vie, dans les illusions de la gloire,
un remède contre les souffrances du cœur...
car j'ai là... au cœur... une blessure que je n'ai
dévoilée qu'à vous seule... une blessure qui ne
se guérira pas... J'ai été abandonné par la
femme qui la première a fait battre mon cœur...
un tel amour ne s'oublie jamais... il se rapporte aux plus belles années de la vie... à l'é-
poque des illusions, des rêves et du bonheur !
Cet amour s'associe aux plus belles, aux plus
naïves impressions... C'est alors qu'on était
plein de sève et d'espérance... alors qu'on
croyait au soleil, au chant des oiseaux, à
la campagne fleurie, au murmure du ruis-

seau fuyant sur le gazon... Heureux ceux qui
se bronzent, ceux qui n'ont plus de larmes
dans les yeux au souvenir des beaux jours de
leur jeunesse ! Pour moi, je n'aurai jamais ce
courage ! Quoique la perfide m'ait cruellement
délaissé, toujours son image viendra se mêler
aux frais et riants tableaux qu'évoquera ma
mémoire ! Je suis jeune encore et j'ai déjà le
culte du passé... tant il est vrai que l'homme ne poursuit que des chimères. Oh ! Thérèse !... Thérèse !... vous m'avez laissé le vide
pour adieu !...

En ce moment, Cécile rentrait, et Victor
vit bien, à la pâleur de son visage et à la fatigue
de ses traits, que sa mère n'avait point exagé-
ré l'état de son âme. En s'apercevant, ces deux
jeunes gens éprouvèrent une sorte de bien-être
qui se peignit sur leur physionomie.

— Vous souffrez, dit Victor à Cécile en lui
prenant la main ?..

— Oui, je souffre...

— Eh bien ! puisque je suis le seul ami que
vous ayez sur la terre, puisque votre mère a

bien voulu me donner ce titre, je veux encore venir à votre aide. Je me montrerai à vos côtés, je soutiendrai vos pas, je confondrai la calomnie...

— Vous ne ferez, hélas! que lui donner plus de force, dit tristement madame Blouot.

— On ne m'empêchera pas au moins, s'écria Victor avec chaleur, de faire pour elle ce que tout autre pourrait faire... Que je suis heureux maintenant d'avoir transigé avec la corruption des hommes! Je suis auteur aussi... et dans quelques jours peut-être mon nom retentira avec honneur sur la scène! Cécile, je vous aiderai à triompher de l'intrigue... Je consacrerai mes efforts à faire briller votre talent... Est-il un homme assez méchant pour empoisonner ces rapports si légitimes du poète et de l'artiste? Vous renaîtrez bientôt, Cécile, à la gloire et au bonheur, et ce sera là ma plus douce récompense.

IX

Les Actions.

Victor marchait maintenant avec d'autant plus d'ardeur dans la route qu'il s'était tracée, qu'il songeait aussi à l'avenir de Cécile. Sa sécurité pour le présent était grande, et ses ressources magnifiques ; presque tous les mois il recevait de son protecteur inconnu une assez forte somme, qui le mettait à même non seulement de ne plus songer aux tristes nécessités de la vie, mais encore de se livrer aux spéculations d'esprit les plus hasardeuses.

Il chercha à se donner de la force et de la consistance.

Un journal politique venait de se fonder, qui, par le nom de son rédacteur en chef, la couleur de ses opinions et la nature de sa constitution matérielle , promettait d'obtenir un grand succès. Il vit le gérant, prit des actions dans l'entreprise, et obtint le feuilleton des théâtres. Mais, hélas! il ne garda pas longtemps la férule entre ses mains! L'homme propose et Dieu dispose !

Le journal devait être d'opposition. On était au moment des élections. Le ministère se souciait peu d'avoir contre lui un nouvel organe de la publicité, et un organe redoutable. Le rédacteur en chef fut nommé préfet, le gérant inspecteur de la salubrité publique, et le journal ne parut pas.

Heureusement que Victor n'avait pas versé le montant de ses actions.

Il ne se découragea pas , et se tourna d'un autre côté.

Un journal assez en vogue venait de perdre son principal, pour ainsi dire son unique ac-

tionnaire,—grand seigneur très riche, qui avait
un journal comme on a une bague au doigt.
Depuis long-temps, malgré l'influence que
conservait encore sa rédaction politique et littéraire, la feuille ne faisait pas ses frais, et le
grand seigneur suppléait généreusement tous
les mois au déficit de la caisse. Il fallut chercher d'autres ressources. La propriété fut di-
visée en plusieurs lots, et les actions s'épar-
pillèrent. Comme les sociétés en commandite
commençaient à effrayer un peu les bourses, ces
actions se placèrent difficilement. Victor en prit
deux, en épuisant toutes ses économies. On ne
pouvait rien refuser à un capitaliste tel que
lui. Il eut le feuilleton des théâtres. Pour le
lui donner, on offrit la pension de retraite à
un vieux critique blanc qui avait vu débuter mademoiselle Georges, qui avait connu Geoffroi,
et qui demeurait rue Cassette, au faubourg
Saint-Germain.

Au moment où Victor fut investi de ses nouvelles et imposantes fonctions, l'homme important du journal, le factotum, le maître Jac-
ques, le prit à part et lui dit :

— Jeune homme, je ne voudrais pas vous laisser embarquer sur la mer orageuse de la critique théâtrale, sans vous donner quelques instructions préliminaires. Cette mer abonde en rescifs et en rochers sous-marins, auxquels vous pourriez vous heurter à tout moment. Écoutez-moi bien, et souvenez-vous...

Victor crut qu'il allait entendre un sermon littéraire sur le bon goût en matière d'art dramatique, — une sorte de chapitre du cours de Laharpe, — et il se prépara à la patience.

— D'abord, lui dit le factotum, notre député, — chaque journal politique a son député, — celui qui nous rapporte les bruits de la salle des conférences, et nous force à imprimer ses discours tout au long, — professe une très vive admiration pour une longue tragédienne qui brille ou ne brille pas à la Comédie-Française. Votre critique respectera cette tragédienne; vous pourrez, si vous le voulez, lui trouver les qualités qu'elle n'a pas, mais vous ne lui trouverez jamais les défauts qu'elle a.

Notre rédacteur en chef, Périgourdin qui

voit les ministres, est cousin par alliance d'un
ténor nommé Bouvenot, qui chante faux et qui
parle auvergnat. Dans *Joconde* et dans *Jean
de Paris*, vous le comparerez à Elleviou, si
vous êtes habile; si vous êtes puritain, vous
n'en direz pas un mot.

Notre principal actionnaire, aujourd'hui
membre de toutes les sociétés philanthropiques
et de l'Académie des sciences morales et politiques,—celui-là même qui a trouvé le moyen de
fabriquer de la soupe grasse pour les pauvres de
son arrondissement avec des boutons de guêtres
et des feuilles de chardon,—notre principal actionnaire a fait sous le Directoire des bouquets à
Chloris dans l'almanach des Muses et des pasqui-
nades pour le Vaudeville. Le directeur du théâtre
de *** est son ami intime et son ancien collaborateur. Ménagez le directeur du théâtre de ***.

Notre portier a un fils qui joue les amoureux
sur une scène du boulevard. Ce portier est un
vieux serviteur qui, depuis trente ans, fait les
commissions de tout le monde,—même les plus
secrètes. Que votre plume s'incline devant lui.

Le grand seigneur capitaliste que nous ve-

nons d'avoir le malheur de perdre, honorait de
ses affections et de ses libéralités la petite
Katinka, jeune personne fort intéressante,
qui ânonne le couplet de vaudeville, débite
assez grossièrement la pointe graveleuse, et
réussit surtout dans les danses prohibées. Vous
concevez que nous ne pouvons pas troubler par
des attaques inconvenantes le sommeil éternel
de ce brave Mécène. La reconnaissance est la
plus belle des vertus. Katinka vous est spécia-
lement recommandée.

Notre rédacteur des nouvelles étrangères,
homme très influent dans nos bureaux, quoique
tout-à-fait incapable, — vous le reconnaîtrez à
ses besicles vertes et à son air d'importance, —
a eu autrefois pour maître de piano de ses filles
le célèbre Bousinkoff, allemand du département de Seine-et-Marne, qui a fait deux ro-
mances en saule pleureur et un opéra mon-
strueux. Comparez Bousinkoff à Mozart.

Quant à moi, je donne quelquefois l'hiver
des soirées musicales. Ma femme aime cela.
Trissotini, Lavielle, Maigrot, Fontardis, Mé-
liozi, ont l'obligeance de venir me chanter des

petites scènes comiques et des morceaux du
répertoire italien. Si vous les rencontrez jamais
sur votre route, dites beaucoup de bien d'eux...,
pour l'amour de moi. Je le leur ai promis ;
vous ne voudriez pas me faire manquer à ma
parole.

— Est-ce tout ? dit Victor...

— C'est tout.

— Ah ça..., que me reste-t-il donc à dire ?

— Mais le champ est vaste encore. Vous
pourrez, lors de la canicule, vous plaindre du
devoir cruel qui vous force à fuir l'air pur des
champs pour l'atmosphère enfumée des théâtres. Vous pourrez chanter le printemps, les
oiseaux, le feuillage et les lacs couverts de na-
celles. Vous ferez des églogues. Plus tard...
vers l'automne... vous vanterez les plaisirs des
touristes, et vous raconterez la petite chronique
de Bade et de Spa... L'hiver vous donnera occasion de parler des grandes réunions, de la
toilette des femmes, de l'affluence des étrangers... Vous rapporterez les propos de salons,
vous serez l'écho du grand et du petit monde...

— Et vous appelez cela de la critique?...

— Non..., c'est de la littérature; tous nos critiques sont littérateurs.

Victor commença à s'apercevoir que Cléophas pouvait bien avoir raison, et qu'au point de vue de l'art les journaux à relations faciles et semi-corrompus ne valent pas mieux que les journaux vendus.

Malgré les entraves qui lui étaient imposées, il entreprit son feuilleton. Il y déploya des qualités de style assez rares, et un bon goût qui ne se démentit pas. Il ne tarda pas à être remarqué et à faire autorité.

Vulpinien, dont il avait passablement maltraité l'un des chefs-d'œuvre, se fit présenter à lui. Sa confusion fut grande lorsqu'il reconnut le jeune homme qu'il avait si indignement dépouillé. Du reste, il reprit aussitôt son aplomb :

— Comment, c'est vous, mon jeune ami, s'écria-t-il ! Je vous fais mon compliment.. Vos feuilletons sont pleins de verve et d'esprit...

— Ah ! vous préférez encore mes vaudevilles...

— Méchant... Est-ce que vous m'en voudriez encore?...

— Non... ; j'ai pris la chose en plaisanterie
depuis que je vous ai entendu chez Cléophas
exposer si naïvement votre système des débutants.

— Comment, vous étiez là ?...

— Oui... et vous ne m'avez pas reconnu...
mais en revanche, vous me reconnaissez aujourd'hui...

— J'ai la mémoire si mauvaise...

— Pas toujours...

— Allons... faisons la paix... Il ne faut plus
parler de l'ancienne pièce... car la brochure
est imprimée, et j'ai touché mes droits d'auteur... Mais je veux que vous me mettiez à même
de vous offrir un dédommagement... J'ai sur
le chantier le plus joli petit acte...

— Est-il fait ?

— Non... mais je vais m'y mettre...

— J'attendrais le dédommagement trop long-
temps...

— Nous ne sommes donc pas réconciliés ?

— Si fait... et la preuve, c'est que je re-
nonce à tout retour sur le passé et à tout béné-
fice dans l'avenir...

— Vrai?...

— Vrai....

— Allons... c'est d'un bon garçon.

— Mais prenez garde aux jeunes gens... Il y en a qui se poussent... et plus tard ils ne seraient peut-être pas aussi accommodants que moi...

—Je tâcherai de devenir bon physionomiste.

— Je vous le souhaite.

X

Bretonnière.

Victor avait obtenu deux ou trois jolis petits succès dans sa collaboration avec Latournelle, et il commençait à être un peu de *la boutique*. Il pouvait, sans paraître trop audacieux, aller proposer des plans aux directeurs, leur demander des lectures, et il commençait à entrer avec eux dans une sorte d'intimité.

Le jeune homme pensait toujours à Cécile et à son avenir. Il voulait lui faire un rôle qui la plaçât sur-le-champ très haut dans l'estime publique, et lui permît de braver les intrigues de ses rivales. Jusque-là, elle n'avait pu faire complètement ses preuves. Le directeur et les auteurs, circonvenus par les bonnes camarades qu'offusquait son talent, avaient oublié toutes les promesses, toutes les espérances de son début, et ne lui avaient plus confié que des rôles sans grande importance.

Mais Victor savait que lorsqu'un artiste a laborieusement conquis et d'une manière incontestable les suffrages de la foule, et qu'il s'est fait une réputation populaire, l'intrigue de coulisses et les sourdes menées ne peuvent plus prévaloir contre lui. Directeurs et auteurs sont obligés de s'appuyer sur son talent, et sa position exceptionnelle le met au-dessus de toutes les contrariétés ordinaires du théâtre. Il n'est plus martyr; il peut faire des martyrs. Au lieu d'être sur le gril de saint Laurent, c'est lui qui en tient le manche.

Victor avait une grande confiance dans les dispositions scéniques de Cécile. Son naturel, son jeu simple et touchant lui plaisaient. Son

ambition était de lui donner une belle création,
de la faire sortir des rangs et de lui assurer
ainsi tous les priviléges de la célébrité dramatique.

Ses vagues rêveries enfantèrent une idée.
Le sujet de sa pièce, il le trouva ou à-peu-
près dans la position même de Cécile. Une jeune
fille que la vocation et l'amour de sa mère en-
traînent au théâtre ; puis les ennuis, les déboi-
res, la lutte ; puis l'imagination de l'auteur
faisant quelques frais, un amour passager qui
soutient et console ; enfin le triomphe et le
bonheur ! L'idée était poétique, quoique dans
une donnée vulgaire, ce qui convient au petit
théâtre,—et l'action dramatique qui cheminait
à ses côtés, — action combinée de propositions
brillantes, de poursuites acharnées, d'un rapt,
d'une vengeance, de larmes et d'humiliations
— lui donnait de la vivacité et du relief.

Victor alla porter son scénario au directeur
du théâtre de***, où jouait Cécile.

— Oui... lui dit le directeur... oui... il y a
dans tout cela de l'émotion et du mouvement,
et Mademoiselle Cécile jouerait fort bien ce rôle,

empreint tout à la fois de naïveté et d'exaltá-
tion... je crois voir un succès... mais je ne puis
accepter...

— Pourquoi donc?

— Parce que la pièce a trois actes...

— Je croyais que vous deviez voir là une
raison de plus pour recevoir... car enfin il y a
plus d'argent dans trois actes que dans un,
lorsque le succès se dessine bien...

— Je le sais mieux que tout autre... aussi
mon motif n'est-il pas dans la coupe même de
trois actes...

— Mais enfin...

— Mais... vous êtes pressant... on ne peut
rien vous cacher... je dois donc vous dire...
c'est que c'est un secret d'administration.

— Je serai muet comme la tombe...

— Eh bien ! d'après un engagement conclu
entre moi et Bretonnière, le plus spirituel et le
plus fécond de nos auteurs, il a l'entreprise
de tous les *trois actes*, que je donnerai à mon
théâtre... je ne puis plus recevoir que des actes et des *deux actes*...

— Ainsi vous avez aliéné votre liberté...

— Tout-à-fait...

—Sans craindre que la verve d'un seul homme ne finisse par s'épuiser et se tarir...

— Bretonnière a eu tant de succès !

— Et des succès mérités... je reconnais son grand talent... mais imprudent est le navigateur qui se confie à une seule voile !

— Ne faisons pas de poésie et parlons affaire.

— Que voulez-vous que je vous dise?... je retire ma proposition...

—Ce n'est pas cela... il y a peut-être moyen de s'arranger encore... connaissez-vous Bretonnière?

— Non...

—Auriez-vous quelque répugnance à travailler avec lui?

— Aucune...

—Je vais vous adresser à ce cher avec vos trois actes... il fera la pièce avec vous et touchera les trois quarts des droits d'auteur.

— J'y consens.

Bretonnière fit à Victor un excellent accueil.

Bretonnière n'était point un homme ordinaire :
c'était un esprit fin, délicat, orné ; il avait été
entraîné à faire du métier par la maladie du
siècle, l'amour ou plutôt le besoin d'argent.
Son talent aurait pu, en se concentrant, produire des œuvres remarquables ; il avait mieux
aimé semer sa graine çà et là pour lui faire
rendre davantage. Il avait apporté au théâtre
des qualités très précieuses, du goût, des allures littéraires ; il les avait un peu usées au
frottement du parterre, mais il en restait toujours quelque chose ; il avait acquis une connaissance très grande et très complète de la
petite scène. Ses pièces étaient toujours admi-
rablement faites au point de vue du gros public ; et le public d'élite y trouvait encore une
certaine saveur de bon sens, une grande délicatesse de touche et une finesse originale d'in-
vention qui, bien qu'affaiblie la plupart du
temps et un peu décolorée, trahissait une imagination qui avait eu ses belles récoltes et où
l'on trouvait encore à glaner. Ses œuvres se dis-
tinguaient de la foule des œuvres banales et vulgaires, quoi qu'elles fussent un peu de leur

famille. On y trouvait toujours soit un mot, soit une scène, soit une situation nouvelle qui étaient des indices révélateurs. En assistant à leur représentation, on se prenait à regretter les concessions que l'auteur avait cru devoir faire aux exigences d'une curiosité brutale.

Bretonnière n'était pas un roi fainéant ; il se mit à l'ouvrage avec Victor, lui donna d'excellentes indications, lui apprit la charpente, le mécanisme d'une œuvre comique, et lui révéla tous les secrets de son industrie.

Tout en l'écoutant, Victor se sentait froissé et chagrin. Il regrettait qu'une intelligence aussi rare fût descendue jusqu'à convertir les préceptes de l'art en une espèce d'argot inintelligible et à donner à toutes les fantaisies de l'imagination une enveloppe grossière et matérielle.

La pièce fut lue aux acteurs, sur lesquels elle produisit une très vive impression. C'était une première épreuve ; elle n'est pas toujours décisive. Les acteurs peuvent se tromper comme le directeur, comme l'auteur lui-même ; mais enfin lue aux acteurs, la pièce comparaît devant une sorte de public qui a son instinct et sa sûreté collective de jugement. Nul homme n'a plus d'esprit que tout le monde.

Polydore avait un rôle. Après la lecture, il aborda Victor et lui serra la main.

— Bravo ! votre œuvre ne sort pas de ce moule à vaudevilles que possèdent tant de no auteurs... On sent battre quelque chose là-dessous.

— Bretonnière est un homme de génie...

— Je le reconnais... mais son génie était de l'or... il l'a changé pour de l'argent et il le dépense en petite monnaie. Il n'est pas le seul... j'en pourrais citer plusieurs autres encore qui, sans le valoir, ont cependant leur mérite, et dont la spéculation a tari l'avenir... Évitez cet écueil...

— Je ne sais pas où je vais.

— C'est un tort.

— Plus tard je choisirai ma route.

— On ne saurait la choisir trop tôt... Une fois qu'on est engagé dans le mauvais sentier, on s'embourbe et on en a pour le reste de sa vie.

— L'homme est un enfant... et c'est le hasard qui le mène.

—Mauvais système... mais enfin vous voilà
un pied dans l'étrier... Comment êtes-vous arrivé ?

— Par hasard...

— Vous y tenez...

— Je suis convaincu...

— Alors que le hasard vous protège !

Victor semblait vouloir défendre Cécile contre l'envie et contre l'intrigue. Aux répétitions,
il se tenait près d'elle avec une sorte d'affectation, la couvrant de son regard et de sa main ;
il lui faisait un bouclier de son titre d'homme
de cœur et de sa réputation naissante, et cette
conduite lui semblait si simple, si naturelle,
qu'il ne prenait pas la peine de dissimuler l'intérêt qu'il portait à la jeune fille. Obéissant au plus
innocent et au plus pur mouvement de l'âme, il
abusait un peu des rapports si légitimes qui
s'établissent entre l'auteur et l'artiste. Et il ne savait pas, l'insensé, que la calomnie est toujours
là, derrière son rideau noir, qui guette sa

proie et aiguise ses dents pour la déchirer.

Il y eut véritable triomphe pour la pièce et pour l'artiste.

Après la représentation, Bretonnière ne voulut pas accepter sans réserve les félicitations qui lui étaient adressées et en envoya une partie à son jeune collaborateur. C'était un homme d'esprit, de conscience, et qui sentait sa valeur.

Quand Cécile fut seule dans sa loge entre sa mère et Victor, suffoquée par les larmes, ne sachant comment témoigner sa reconnaissance au jeune homme, elle se laissa tomber dans ses bras.

Ce moment-là fut le plus beau de la vie de notre héros. Il goûtait un bonheur doux et exempt de toute violence de toute amertume, — le véritable bonheur !

XI

Le Pamphlet.

Dès le lendemain la médaille devait avoir
son revers. C'est au théâtre surtout que les
changements de décoration se renouvellent souvent.

Il y a à Paris une infinité de journaux —
non... pardonnez-moi d'avoir employé ce mot
respectable, — une infinité de petits pamphlets
qui ne vivent que de scandale. Ils vont, fouil-
lant dans la vie privée, exploitant la honte des
révélations, mettant les gens timides à contri-

bution et faisant payer leur silence; ils pullulent surtout dans les environs des théâtres, et font de l'amour-propre des femmes leur principal tributaire. Ne demandez pas à ces entreprises bâtardes quels sont leurs moyens d'existence; le gérant ne pourrait vous montrer qu'un registre d'abonnement encore vierge. C'est la maraude qui remplit la caisse.

La feuille ne se tire qn'à une centaine d'exemplaires qui sont envoyés dans les cafés et les estaminets les plus artistiques. On l'adresse aussi à la personne qui est attaquée dans le numéro du jour — toujours attaquée dans son caractère plutôt que dans son talent. Puis le lendemain, l'un de ces misérables, — celui qui est chargé des fonctions diplomatiques et des missions délicates, — se rend chez la victime et négocie un traité de paix. Il arrive quelquefois — trop rarement — qu'entré par la porte il sorte par la fenêtre : il est habitué à ces infortunes-là; mais le plus souvent il réussit. Avant de lancer la bombe, on a toujours pris quelque peu ses informations, on sait à qui l'on va mettre le pistolet sur la gorge. Un homme de cœur est à l'abri de pareilles injures. Les femmes y sont surtout exposées, — celles d'abord qui n'ont pas de défenseur qui puisse s'avouer.

Cependant il arrive que les renseignements pris par le pamphlétaire soient mauvais, que le coup de plume atteigne un artiste à l'âme impressionnable et qui ne sente pas assez de force de caractère pour mépriser une telle critique ! Il a l'innocence de prendre au sérieux les fanfaronnades qui s'étalent ordinairement à la première colonne de la feuille. Il va demander raison au gérant ; jadis ce gérant eût été un bretteur payé à la journée, qui aurait répondu tant bien que mal à la provocation ; mais le temps des spadassins est passé. Aujourd'hui le gérant, quand on s'en prend à lui, est tout bonnement introuvable ; le journal se fait partout et nulle part. Allez donc chercher le gérant dans les mille cabarets de Paris où il a établi son domicile. Son existence est nomade ; il vit sous la tente enfumée des estaminets. Quand il a épuisé tout son crédit sur un comptoir, il se transporte ailleurs.

Il y a quelqnes années ce métier de pamphlétaire était abandonné à de vieilles plumes chau-
ves, ridées, impuissantes. Il semblait que la jeunesse eût trop de poésie dans la tête et trop de
générosité dans le cœur pour se livrer à une
pareille industrie ; elle ne descendait pas dans
ces marais bas et fangeux de peur de salir
de boue sa blanche robe. Aujourd'hui la dé-
pravation morale a fait tant de progrès, que
vous voyez des enfants, — oui, des enfants, à
peine échappés des bancs du collége, — se faire
exploiteurs de scandale, avouer hautement
ce crime et parler en riant des dégoûtantes
manœuvres qu'ils emploient pour détrousser
le client. Rien ne peint mieux une époque.
Nous sommes corrompus jusque dans la
moëlle des os, et c'est à peine si, çà et là,
au-dessus de notre Océan de boue, surna-
gent quelques réputations pures et intactes
pour consoler la postérité. Nous en sommes arrivés là, que nous les regardons avec
une sorte d'étonnement, comme ces monu-
ments extraordinaires que nous ont transmis
les siècles passés. On a tant dit que l'argent

était tout, qu'il remplaçait la vertu, l'honneur, la considération publique ; on l'a dit si souvent, d'abord tout bas, puis enfin tout haut, après toute honte bue, que l'argent est devenu le point de mire de toutes les ambitions. Pour se procurer de l'argent, l'homme de génie fait des vaudevilles, le négociant fait des faillites, le fonctionnaire public vend son influence, la jeune fille sa pudeur, l'électeur sa voix. Un homme pauvre n'est qu'un gredin, dùt-il sa pauvreté au désintéressement le plus noble, aux actions les plus élevées. Payez bien, fut-ce avec l'argent des autres, et vous recevrez de l'opinion publique le brevet d'honnête homme, et tout le monde vous saluera dans la rue. Jamais on ne s'enquerra des moyens par lesquels vous avez acquis ce que vous possédez ; vous possédez, cela suffit. Avec des gants jaunes et de l'or dans la poche, on peut aller partout tête levée, eût-on une réputation piquée d'infamies comme une pelote d'épingles. L'argent est notre Dieu ; comme les Hébreux du désert, nous en sommes au culte du veau d'or.

C'est l'égoïsme qui nous a conduits là. Cha-

cun vivant dans son coin et ne pouvant compter sur le voisinage, a toujours peur de mourir
de faim et thésaurise par tous les moyens possibles pour n'être pas pris au dépourvu. Quand
on n'a rien, on n'est rien; qui ne veut pas
être quelque chose? La force est dans les gros
sous; on va chercher les gros sous dans le
ruisseau. Je ne vois rien de plus logique.

Nous n'avons presque plus de ces existences grandes et nobles dans le dénûment,
entourées de la vénération publique, — telles
que l'antiquité et notre propre histoire nous en
ont montrées. Le temps n'est plus des philoso-
phes aux manteaux troués, et que tout un peuple reconduisait du forum à leur demeure. Le
temps n'est plus des vieux magistrats intègres
et pauvres, que Paris admirait dans leur labo-
rieuse retraite, — des conventionnels aux grandes fonctions et aux mains pures! L'estime de
tous ne pouvant plus être une récompense à
une époque où personne ne s'estime plus soi-
même, il faut bien chercher la récompense
ailleurs.

Quelques esprits portés à la contradiction

traiteront peut-être cette sortie de lieu-commun ; ils m'objecteront que l'argent a toujours été le principal mobile des hommes, que le poète latin a jeté, il y a bien long-temps, son cri de détresse : *Auri sacra fames!* — et que Boileau, le grand critique du dix-septième siècle, a dit bien avant nous :

L'argent ! vive l'argent ! sans lui tout est stérile !
La vertu sans argent n'est qu'un meuble inutile.

Oui... l'amour de l'argent a toujours été à l'état de passion chez les hommes. Mais comme les autres vices, il avait ses adeptes et se faisait sa part dans le troupeau. Aujourd'hui il absorbe tout. Citez-moi une seule époque où l'argent ait eu cette puissance ! On se moquait des fermiers-généraux en leur empruntant leur argent ; de nos jours, ils se moqueraient des marquis et ne leur prêteraient pas une obole. Les grands seigneurs ont des usines et n'ont plus d'hôtels. La littérature est obligée de se faire des rentes. Il n'y a plus de vie en commun, plus de concessions mutuelles. C'est à peine si les plus riches font part de leur bien

à leurs enfants. On ne partage qu'avec soi-
même, et encore se fait-on la part la plus petite
possible. Où allons-nous? Dieu le sait, puisque
c'est lui qui nous mène. Dans cinquante ans
d'ici, chacun de nous sera parqué dans son
petit coin de terre de dix pieds carrés, qu'il
entourera d'une petite grille en fer creux,
et dont il défendra l'approche à coups de
fusil. A force de civilisation et d'amour du
bien-être, nous retournerons à la vie des
sauvages, et pourtant nous nous sommes bien
moqués d'eux! Oh! comme nos pères, s'ils
nous voyaient, regretteraient leurs plaisanteries sur les Iroquois et les Topinambours!

Mais c'est nous faire trop d'honneur que
de comparer notre état prochain à celui des
ex-tribus des forêts vierges de l'Amérique.
Nous serons moins que cela. Notre société
vivante avec ses petits terrains et ses cloisons
égoïstes sera l'image parfaite de la société
morte du Père Lachaise! Nous allons au cimetière. Le souffle y sera encore, mais rien de
plus! c'était bien la peine de venir au monde!

Étonnez-vous donc après cela qu'on cherche

à satisfaire de toutes les manières cette soif im-
modérée d'argent et que tant de bélîtres, ne
trouvant pas assez de ressources en eux-mêmes
pour se faire une position honorable, exploi-
tent l'injure et se fassent condottieri de plume.
Jamais nous n'avons eu tant de pamphlétaires
de bas étage. C'est juste.

Combien de fois, nous autres journalistes,
n'avons-nous pas gémi de ce débordement
de mauvaises phrases, de ce déchaînement
d'outrages de bas lieu, qui cherchaient à se
faire escompter. Nul n'en a plus souffert que
nous. Les imbécilles qui ne savent pas séparer
le bon grain de l'ivraie, les gens de mauvaise
foi qui ne cherchent qu'un prétexte pour
déconsidérer la critique loyale qui les gêne,
ont pris texte de là pour accuser la presse.
La presse, comme le soleil de Lefranc de
Pompignan, a continué sa course en versant
les flots de sa lumière sur les blasphémateurs.
Mais pour elle comme pour le pays, ce sera
un beau jour que celui où le courage public
fera justice de ces Arétins sans talent et sans
cœur et les forcera à rentrer dans le néant.

Après ses débuts, Cécile avait été sommée
de payer l'impôt que les Pamphlétaires de man-
sarde prélèvent ordinairement sur les débutants et sur les débutantes. Elle avait reçu des
quittances d'abonnement de maintes petites
feuilles : *L'Estafette du Théâtre*, *la Loge*, *le
Lorgnon*, *le petit Courrier des Coulisses*, etc.,
etc. Pour les dénombrer toutes, il faudrait avoir
une poitrine d'airain. — Plusieurs de ces
Messieurs s'étaient même présentés chez elle.
Femme jeune, jolie, pleine de talent, n'était-
elle pas une proie que les vampires devaient
croire assurée? C'est surtout de celles-là qu'ils
vivent.

Cécile avait fermé sa porte aux visiteurs et
repoussé les quittances d'abonnement. Il faudrait à un artiste une fortune de banquier pour
satisfaire toutes les exigences de cette nature
qui l'assiègent. Et Cécile n'avait que ses faibles
appointements.

D'ailleurs, vous le savez, des éloges obtenus
ainsi ne pouvaient avoir aucun prix pour elle.
Loin de lui plaire, ils l'indignaient. Cette in-
solente usurpation de la critique par des séides

gagés, n'était pas une des moindres causes du dégoût qu'elle rencontrait dans sa carrière.

Les lâches se vengèrent de ses dédains en l'insultant. Il ne manque jamais au théâtre de bonnes camarades pour mettre sous vos yeux les plus infâmes diatribes dirigées contre votre talent ou contre votre personne. Long-temps Cécile dévora les injures ; un jour seulement, jour où la douleur fut vive et alla au cœur, elle pleura sur le sein de sa mère. Oh! dans ces moments le théâtre lui était odieux; elle regrettait sa paisible obscurité, elle s'accusait d'ambition et d'imprudence, elle formait les résolutions les plus énergiques et appelait la retraite de tous ses vœux. Sa santé s'altérait sous le coup de ces attaques multipliées, et madame Blouot voyait avec terreur les couleurs naguères si fraîches et si belles de la jeunesse, s'effacer pour faire place à une livide pâleur. Ce n'était plus la Cécile d'autrefois, si gaie, si heureuse et si naïve! C'était une fleur battue par les vents, brûlée par le soleil, dont la tête se penchait languissamment vers la terre.

L'ardeur de quelques-uns des assaillants

s'était brisée contre tant de résignation et de
patience. Un seul avait persisté : — c'était Childert ! — Childert, l'un de ces écrivailleurs
qui étaient venus offrir leurs services à Victor
lorsqu'il avait fondé son journal , — et le plus
lâche de tous.

Childert avait enfin trouvé à se caser. Il dis-
tillait deux fois par semaine son fiel anonyme
sur un petit carré de papier qui prenait le
titre de journal. Les refus de Cécile l'avaient
d'autant plus blessé, qu'il s'était épris de ses
charmes, et que pour trouver moyen de se glis-
ser auprès d'elle, il avait commencé par faire
son éloge. Mais cette tactique ne lui avait pas
réussi; il avait trouvé la porte de madame
Blouot constamment fermée.

Cet être bilieux était entré dans une rage
difficile à décrire. Il avait fait appel à toutes les
ressources de son infernal génie, et s'était montré vraiment sublime d'infamie. Jamais ses plaisanteries n'avaient été plus acérées, sa méchanceté plus atroce; jamais la calomnie n'avait été
plus prudente, plus habile, plus persévérante,
jamais elle n'avait pris un masque plus hideux.

Childert s'avançait sans crainte ; il n'avait affaire qu'à une femme. — Cécile en mourait.

Le lendemain de la représentation dont il a
été question au chapitre précédent, Victor
trouva madame Blouot tout en pleurs. Elle lui
tendit un journal qu'elle tenait à la main et lui
dit :

—Tenez, monsieur Victor, lisez... Voilà le
théâtre !!

Ce journal était celui de Childert.

L'article était ainsi conçu :

« Mademoiselle Cécile, que le public a vue
jusqu'ici sans plaisir, a joué hier un rôle nouveau avec toute la perfection désirable. Il est
vrai qu'elle était tout-à-fait dans son personnage. Il s'agit d'une jeune actrice qui trouve *la
fortune importune*, comme dit la romance, et
préfère s'enivrer de poésie... avec un poète ?...
non... avec un faiseur de vaudevilles. La chose
lui réussit. Elle a un beau rôle, écrase ses rivales, et peut ensuite, si nous lisons bien dans
l'avenir, tirer de sa position une infinité
d'avantages. — C'est hier dans la soirée qu'a eu
lieu le véritable début de mademoiselle Cé-

cile; quelques méchantes langues prétendront
que nous pourrions nous tromper de date.
Il faut bien un peu de charité chrétienne!
On dit que l'un des deux auteurs, qui était
fort assidu auprès de mademoiselle Cécile
aux répétitions, lui a donné des leçons particu-
lières; nous verrons dans quelques mois si
elle en a profité. Ce jeune auteur se nomme
Victor; on sait que Victor en latin signifie
triomphateur. »

— Quelle horreur! s'écria le jeune homme en
froissant le journal.

— Voilà long-temps que ma pauvre Cécile
reçoit ainsi tous les jours sa blessure... Nous
ne vous en avons jamais parlé... et aujourd'hui
c'est bien malgré moi que vous avez surpris ce
secret à ma douleur...

— J'en bénis le ciel.

— Cette fois la mesure a été comblée... Cécile a succombé sous cette dernière atteinte....
Elle est gravement malade...

— Grands dieux! je veux la voir, la consoler...

— Non... non... dans ce moment elle ne sup-
porterait pas votre présence... après cette in-

fâme insinuation, ne la forcez pas à rougir devant vous...

— Oui... vous avez raison... je la verrai plus tard.

— C'est cela... plus tard, reprit madame Blouot d'un air embarrassé...

— Lorsque je l'aurai vengée...

— Que voulez-vous dire?

Le jeune homme était déjà loin et madame Blouot le suivit long-temps des yeux avec attendrissement. Elle tendait la main en avant comme si elle avait voulu rencontrer la sienne et la presser pour la dernière fois.

Victor cherche avec avidité sur le journal qu'il avait emporté l'adresse des bureaux. Le titre portait *le Papillon*, bureaux rue de la Tannerie, no. 4, par an 20 francs, 10 fr. pour six mois etc., etc., plus la signature d'un gérant : *Mitonnin*.

Le numéro 4 de la rue de la Tannerie, était une maison sale, obscure, noire, telle qu'il s'en trouve beaucoup dans le quartier de l'Hôtel de Ville, — quartier pauvre, travailleur, populeux, où les habitants sont un peu entassés les uns sur les autres. On aurait dit que les rédacteurs du *Papillon*, n'avaient placé si loin le siège de leur journal, que pour dégoûter les gens de leur rendre visite.

On entrait par une allée étroite et sombre et il n'y avait pas de concierge.

Victor trouva au premier, sur le carré, une femme qui était occupée sans façon à laver du linge et qui tenait presque tout l'espace. Il lui demanda où étaient les bureaux du *Papillon*: cette femme parut fort étonnée.

— Qu'est-c'est que ça le *Papillon*?

— Un journal...

— Connais pas...

— Vous ne connaissez pas ce journal, lui dit-il en lui montrant l'exemplaire... L'adresse est cependant bien rue de la Tannerie, 4. Voyez plutôt.

— Ah bon... c'est le papier que porte deux fois par semaine le père Mitonnin... l'ancien ouvrier passementier du sixième... Montez chez lui... il pourra vous répondre...

— Merci.

— Il n'y a pas de quoi.

Victor, parvenu au sixième étage, se trouva en face d'une petite porte sur laquelle était collé le titre du journal le *Papillon*. Au dessous étaient écrits à la craie ces mots : *Ici sont les bureaux*. Le jeune homme frappa et une voix cassée et tremblante lui cria : entrez !

Il entra.

Il était dans une petite pièce qui ne recevait le jour que par une fenêtre mansardée, — une véritable lucarne. Les meubles se composaient d'un lit de sangle et de deux chaises dont la paille traînait par terre, comme l'aîle d'un faisan blessé. Le mur était nu et sans ornements. Une vieille femme au vêtement déguenillé faisait sur le poêle une cuisine sans nom, — et dans un coin, un homme aux cheveux blancs, couvert d'une blouse, et dont la figure annonçait l'honnêteté, ployait quelques journeaux épars devant lui. Une odeur insupportable se répandit sur le carré à l'ouverture de la porte et Victor, quoique habitué au spectale de la misère, ne put s'empêcher d'être surpris de ce spectacle.

— Suis-je bien ici dans les bureaux du journal le *Papillon*, demanda Victor ?

— Oui, monsieur, répondit le vieillard avec une sorte d'insouciance affectée.

Victor jeta involontairement un regard autour de lui, puis ajouta aussitôt :

— M. Mitonnin, le gérant...

— C'est moi... reprit le vieillard.

— Vous...

— Oui, moi...

— J'ai à me plaindre d'un article qui a paru dans le journal... j'ai besoin de demander des explications à quelqu'un... qu'est-ce qui me répondra?...

— Moi...

— C'est une mauvaise plaisanterie...

— Non... je suis chargé de cela.

— Mon brave, je ne voudrais pas vous offenser... mais vous ne me paraissez pas capable d'avoir écrit cet article...

— Je ne l'ai pas écrit... je ne sais pas écrire... mais je suis gérant et on m'a dit que je devais en répondre.

— Vous ne paraissez pas bien comprendre toute l'étrangeté du rôle que l'on vous fait jouer ici...

— Monsieur, je suis employé de l'administration et j'obéis.

Pendant tout ce dialogue, la vieille femme, tout en manipulant sa cuisine, faisait des signes à Mitonnin. Elle ne semblait pas approuver le système de réponse qu'il avait adopté.

— Puisque ce n'est pas vous qui avez écrit l'article, continua Victor, quel en est l'auteur?

— C'est un monsieur qui m'a pris pour employé... Il fait tout le journal.

— Pouvez-vous me dire son nom?

— Cela m'est défendu.

— Et son adresse?

— Je ne la connais pas... il vient ici me donner des papiers que je livre à une imprimerie du voisinage, il corrige les épreuves dans cette chambre, me fait porter le journal à certaines adresses et puis ne reparaît que pour le second numéro.

— Quand viendra-t-il?

— Demain peut-être... ou après demain,...

— Voulez-vous vous charger d'une commission pour lui?...

— Très volontiers...

—Vous lui direz qu'une personne qui désire lui parler demande son adresse et un rendez-vous, et le prie de laisser ici entre vos mains cette double indication.

— Je n'y manquerai pas, monsieur.

Victor glissa en partant une pièce de cinq francs dans la main du vieillard.

Ainsi la trame était bien ourdie. La main qui distribuait l'injure restait cachée ; elle ne se montrait que pour recevoir les largesses et les récompenses. Mais quand il s'agissait de tenir tête aux gens qu'il avait insultés, le pamphlétaire bien enveloppé de mystère, livrait aux coups un homme de paille auquel personne ne pouvait avoir affaire et qui n'offrait aucune sorte de garantie. La responsabilité que par la nomination d'un gérant la loi a voulu trouver devant elle dans l'intérêt de la société, était ainsi éludée; la justice ne pouvait sévir que contre un innocent et un incapable. Cette spéculation était donc une véritable toile d'araignée où les petits se prenaient et où les forts ne trouvaient aucun point de résistance.

Trois jours après Victor était rue de la Tannerie.

— Avez-vous fait ma commission ?...

— Oui, monsieur...

— Le rédacteur du journal vous a-t-il laissé son nom, son adresse et son heure ?...

— Non, monsieur... il n'y a pas consenti... mais je suis là pour vous répondre.

— Vous savez bien que c'est une dérision.

— Je suis gérant.

— C'est un autre qui parle par votre bouche... On vous a fait la leçon.

— Mais, monsieur...

— Voulez-vous me dire au moins le nom de l'homme qui écrit cet ignoble pamphlet ?...

— Je ne le puis pas, monsieur.

Ici la vieille femme fit un mouvement d'impatience qui n'échappa pas à Victor.

— Brave homme, réfléchissez bien à ce qui va arriver... puisque je ne puis pas atteindre le misérable qui a répandu sa bave dans ce journal, je vais aller déposer ma plainte chez le

procureur du roi. C'est vous qui serez pour-
suivi, emprisonné peut-être.... Voulez-vous
porter la peine de la faute qu'un autre à
commise?...

— Monsieur, j'ai donné ma parole... je n'y
manquerai pas.

— Mais une promesse faite à un pareil
homme n'est pas respectable... Avez-vous une
fille?...

— Oui monsieur... une brave fille... mariée
à un bon ouvrier...

— Si on l'insultait dans la rue, que feriez-
vous?

— Mon bras n'est plus aussi vigoureux
qu'autrefois... mais je trouverais encore bien
la force de corriger l'insolent.

— Et bien moi aussi je défends une jeune
fille, pure comme les anges, qui a été insultée,
lâchement insultée dans ce journal... Ne m'ai-
derez-vous pas à le faire?...

— Monsieur, vous agissez en honnête homme... et certainement je suis fâché de voir mon
nom mêlé dans tout ça... Quoique je sois
dans le besoin, je ne veux plus faire ce mé-

tier là... Mais pour le passé j'ai donné ma parole....

Ici—la vieille qui trépignait depuis quelques
minutes, fit un saut de sa chaise sur le plancher, et se plaçant entre Mitonnin et Victor,
s'écria en faisant force gestes :

— Ah ! c'est trop fort aussi... et moi qui n'ai
pas donné ma parole, je dirai tout !

— Femme....

—Laisse-moi donc tranquille... il ne faut pas
se faire passer pour ce qu'on n'est pas... Tu as
toujours été la bête du bon Dieu, toi... Figurez-vous, mon bon Monsieur, dit-elle en se
tournant vers Victor, que mon mari était un
bon ouvrier passementier et qui gagnait bien
sa vie... On a inventé une nouvelle machine...
il y a travaillé le premier... il a eu trois doigts
cassés... Montre ta main, Mitonnin... Alors
mon mari a été obligé de chercher çà et là de
mauvais ouvrage, des commissions à faire, des
lettres à porter... Ce monsieur lui a offert de
distribuer son journal et d'être gérant... Nous
ne savions pas ce que cela voulait dire... Mais,
hélas ! il paraît que mon pauvre Mitonnin a fait

bien du mal sans s'en douter... Nous avons vu
l'autre jour ici une jeune fille qui pleurait, mais
qui pleurait — et qui demandait grâce pour sa
mère que le journal maltraitait d'une manière
indigne... Oh ! il y a bien long-temps que j'é-
tais dégoûtée de tout ce manège... et si Mitonnin
m'avait cru !.. Mais dussions-nous aller mourir
à l'hôpital, il ne mettra plus son nom au bas
de pareilles saletés !.. Je remercie le ciel de ne
pas savoir écrire, quand je vois l'usage que l'on
peut faire d'une plume...

Madame Mitonnin parlait avec une telle volu-
bilité qu'il n'y avait pas moyen de l'interrompre. Cependant Victor profita de la première
éclaircie pour lui dire :

— Mais le nom de ce misérable ! le nom !

— Il s'appelle Childert !

— Childert !... lui... j'aurais dû m'en
douter !

Victor laissa une petite somme d'argent à
Mitonnin pour le mettre en état de chercher
une industrie plus honorable, et l'engagea à
s'adresser à lui quand il aurait besoin de secours.

Victor ne savait plus à quel parti s'arrêter.

Il connaissait son Childert par cœur et n'i-
gnorait pas que c'était perdre son temps que de
lui demander une rencontre.

Enfin l'appel à la loi était illusoire.

Il est des extrémités qui répugnent à un
homme bien élevé.

On est bien embarrassé en face d'un lâche,
— surtout lorsque, loin de s'envelopper dans
les ténèbres, il profite du mépris qu'il inspire
pour lever la tête et continuer son commerce
d'intrigues. Il n'offre prise d'aucun côté, et
l'on se sent saisi en le voyant d'une de ces ra-
ges sourdes et concentrées qui poussent au
suicide ou à l'assassinat.

Victor était si animé qu'il prit la résolution
d'avoir recours à la justice, de faire de l'éclat
et d'aller chercher derrière le gérant l'auteur
véritable de l'article. Mais comme madame
Blouot et sa fille étaient aussi intéressées, et
plus intéressées que lui dans cette affaire, il ne
pouvait rien faire sans les consulter. Il fallait
que sa conduite reçût leur pleine et entière
approbation.

Toutes les démarches préliminaires qu'il avait été obligé de faire lui avaient pris quelques jours, et lorsqu'il alla au faubourg Poissonnière, la portière l'arrêta.

— Où Monsieur va-t-il?

— Chez madame Blouot.

— Monsieur ne sait donc pas...

— Quoi?

— Que ces dames ne sont plus ici...

— Ces dames ne sont plus ici?

— Eh! mon Dieu... non! Elles ont donné tout-à-coup congé et sont parties... c'est vraiment dommage... car c'étaient d'excellentes locataires... bien tranquilles... payant exactement leur terme... Ah! nous les regrettons... nous les regrettons...

— Et elles ne vous ont pas laissé leur nouvelle adresse?

— Leur nouvelle adresse?.. Mais elles ont quitté Paris et sans dire où elles allaient...

— Grand Dieu!

— Et il faut que le motif soit grave... car mademoiselle Cécile, toute faible qu'elle était, disait à sa mère: Maman, je t'en prie, ne tar-

dons pas un instant, je ne veux pas rester une
minute de plus ici...

Victor n'entendait plus rien. Il avait été obligé de s'appuyer sur la rampe de l'escalier, et
il était là — sans force, anéanti.

XII

Rencontre.

— Ah ! mon doux Jésus... Est-ce bien possible ?..

Cette exclamation, poussée par une voie rauque, s'échappait d'une lutécienne qui traversait la place Saint-Michel.

— Cocher, arrêtez !.. arrêtez !..

La portière s'ouvrit et la veuve Saint-Brice en grande toilette descendit de la voiture.

Elle se mit à courir dans la direction de la rue Saint-Hyacinthe, et elle disait tout en marchant :

— Mais oui.. c'est bien elle... maintenant

que je la vois de profil... Je ne m'étais pas
trompée... et elle entre dans la maison habitée
par l'ostrogoth... J'étais bien sûre qu'elle
avait fait quelque folie dans ce genre-là... Ma
foi! j'arriverai un peu plus tard pour dîner
chez madame de Saint-Gérin... D'ailleurs, la
rue d'Enfer n'est pas bien éloignée... et il faut
que j'en aie le cœur net ..

A la vue de la veuve, la mère Grinchard se
confondit en salutations et en politesses. Elle
se souvenait des bonnes aubaines que sa connaissance lui avait procurées, et elle était en-
chantée de la revoir.

—Qu'est-ce qui nous attire l'honneur de
votre visite, Madame, dit-elle aussitôt en avançant le grand fauteuil à ramage?

—Qu'est... qu'est... qu'est-ce...qui...qui...
qui... nous...

La veuve se hâta d'interrompre le vieux
'ailleur avec son refrain habituel.

— Madame Grinchard, faites-le donc tai-
e....

— Tais-toi, Grinchard, cria la portière...

— C'est... c'est... c'est... bon... on... se...
se... tait...

— Il est insupportable, reprit la veuve...
mais, dites-moi, madame Grinchard, quelle
est cette jeune dame qui vient de monter?

— C'est une personne qui demeure depuis
quelque temps avec M. Victor.

— Je m'en doutais... ne se nomme-t-elle pas
Amélie?

— Précisément...

— Pré... pré... pré... ci...

— Madame Grinchard, faites-le donc taire...

— Tais-toi, Grinchard...

— On... on... se... tait...

— Il est insupportable...

— Par exemple, dit la portière, voilà un
homme qui n'a pas de malheur en femmes...
il avait une perle et il a maintenant un dia-
mant... c'est aimable... c'est gentil... ça travaille...

— Elle travaille... quelle honte!..

— Mais c'est étonnant... depuis le premier
jour où elle est venue ici, il me semble toujours
que je l'ai déjà vue quelque part...

— Parbleu! certainement que vous l'avez
vue... c'est la dame à laquelle je vous ai pré-
sentée un jour... qui vous a fait tant de questions...

— Je disais donc aussi... votre fille enfin!...

— Oui, ma fille pour la frime... j'en ai
une autre à présent... ça serait trop long à
vous expliquer... Mais sapristi! je l'aime comme si elle était ma fille...

— Comment! c'est la dame qui avait des
fleurs dans les cheveux, une robe de cache-
mire et des perles fines à toutes les oreilles...
Je ne m'étonne plus si je ne l'ai pas reconnue.
Quand elle est arrivée ici, elle portait un petit
châle de trois livres dix sous et une robe d'indienne.

— Je connais le costume.

— Quelle drôle d'histoire!

— Quel... quel... quelle...

— Madame Grinchard, faites - le donc
taire....

— Tais-toi, Grinchard...

— On... on...

— Il est insupportable...

—Mais comment ça se fait-il donc ?

—Je n'ai pas le temps de vous raconter tout ça... mais dites-moi... le sauvage est-il là haut ?...

— Qui ça ?

— Eh ! celui que vous appelez M. Victor !

— Non... il est sorti...

— Il... il... est... sor...

— Faites-le donc taire...

— Tais-toi, Grinchard...

— Je vais profiter du quart d'heure pour voir un instant cette chère enfant.

— A votre aise...

— Et la rend-il heureuse ?...

— Très heureuse...

— C'est impossible...

— M. Victor est le meilleur des hommes...

— Le... le... meilleur...

— Faites-le donc taire...

— Tais-toi donc, Grinchard...

— On... on... se...

— Il est insupportable... Vous ne connaissez pas ce Victor... c'est un cosaque... il a voulu un jour étrangler un vieux comte , un homme très respectable...

— Oh! s'écria la portière...

— Faites-le donc... Je croyais qu'il allait parler... il n'a rien dit.. c'est bien heureux... Oui... ce Victor a été capable d'une action comme celle-là... Vous jugez si une femme est en sûreté entre ses mains...

— C'est bien étonnant... Mais du moment que vous me le dites...

— Je vous assure qu'il y a beaucoup d'hommes qui montent sur l'échafaud et qui ne l'ont pas autant mérité que lui... S'il n'a pas encore trempé ses mains dans le sang, il les trempera...

— Quelle horreur...

— Horr... horr... horreur !

— Allons..., voilà qu'il parle, à présent... Il est insupportable...

— Tais-toi, Grinchard...

— Ce n'était pas la peine de le dire; vous allongez la conversation... Madame Grinchard, promettez-moi une chose...

— Tout est ici à votre service, madame...

— C'est que si jamais vous appreniez qu'il
l'a battue, traînée par les cheveux, ou marty-
risée de quelque façon que ce soit... vous
iriez faire votre déposition chez le commissaire du quartier qui la tirerait de ses
griffes... Je ne prétends pas contrarier ses in-
clinations, à cette pauvre chère enfant... mais
cependant je ne voudrais pas la savoir victime... Et maintenant, je monte...

— Montez...

— Mon... mon... mon...

— Père Grinchard..., on vous dispense de la
politesse. Il est insupportable.

— Tais-toi, Grinchard...

— Et surtout ne vous levez pas... vous vous
souvenez de l'accident... Mais ne vous levez
donc pas...

— Assis, Grinchard, assis...

La veuve Saint-Brice ne fit qu'un saut de
la porte de la petite chambrette dans les bras
d'Amélie. Celle-ci fut un peu surprise et cha-
grine de la voir.

La Saint-Brice l'accablait de caresses.

— Vrai... lui disait-elle... je n'ai pas en-

core pu me consoler de ton départ... Je ne t'oublierai jamais... Tu es le meilleur de tous les enfants de ton sexe que j'ai eus jusqu'ici... Et
j'en tiendrais encore cent sous ma tutelle, cent
d'ici à la fin de mes jours, que je penserais
toujours à toi... Que veux-tu... les attache-
ments... ça ne se commande pas...

La veuve s'arrêta un instant pour se reposer... et elle aperçut dans un coin l'invalide
qui l'écoutait avec une sorte de curiosité.

— Comment... vous êtes ici... vous...
vieux troubadour... C'est bon... vous aurez
votre tour à l'instant... J'ai quelque chose à
vous dire...

— C'est bon... Bellotte... c'est bon... rien
ne presse... répondit tranquillement Lantoine.

Et il prit en même temps sa canne pour
sortir.

— Non... non... restez, s'écria vivement la
veuve... J'ai vraiment à vous parler... et d'un
objet majeur.

— Allons... je reste... dit l'invalide... soit
fait ainsi que vous le désirez... Je ne vois pas

pourquoi j'aurais plus peur d'une femme que je n'ai eu peur des obus russes et des boulets autrichiens.

— A la bonne heure... je retrouve toute votre galanterie, militaire.

— Vous connaissez donc notre excellent ami Lantoine? dit Amélie en souriant...

— Pardine... Il a été mon premier mari.

— Oui, je m'en souviens, dit l'invalide en fronçant le sourcil...

— Très bien... reprit Amélie ; c'est là le colonel Saint-Brice dont vous parliez si souvent?..

— Que veux-tu?... Je lui ai donné un peu d'avancement... comme si j'avais été ministre de la guerre ou le grand Napoléon en personne... Il faut bien s'aider soi-même dans ce monde... Lantoine n'était qu'artilleur... mais un bel artilleur, je m'en flatte, et qui avait son prix...

— On le disait à Vienne et autres lieux, reprit l'invalide...

— On le disait aussi à Paris, militaire... continua la veuve d'un ton câlin... on le disait au bal du Cœur-Volant, où j'ai eu le bonheur de...

— Suffit... suffit... laissons-là le passé...
il n'est pas tout couleur de rose...

— Méchant... Amélie, causons un peu de
nos affaires... Je suis à vous tout-à-l'heure, militaire...

— Prenez votre temps...

— Sais-tu bien, Amélie, dit la veuve à voix
basse, que tu as eu bien tort de faire ce que
tu as fait... Avec ton esprit, ta figure, ta gen-
tillesse, tes attraits, venir t'enterrer ici ! C'est
un meurtre ! Tu étais si recherchée... Tu pouvais arriver à tout... Les soupers languissent
sans toi... Les parties n'ont plus de sel... On te
demande à grands cris, et si tu voulais...

— Madame, lui dit gravement Amélie, en
entrant ici, j'ai rompu avec tout ce que je lais-
sais derrière moi... Ne me parlez donc plus
d'un temps dont je ne veux pas me souvenir...
Je vous en supplie...

— Comme tu es devenue sévère, dit la veuve
en reculant d'un pas... Que ta volonté soit
faite... Alors, je vais te parler un peu de moi...

— Ça va être gracieux, dit en lui-même l'invalide...

— Quand après ton départ, mon grand chagrin se fût un peu calmé...

— Je sais bien où elle a été chercher des
consolations, se dit encore l'invalide...

— Je me mis naturellement en quête d'une
condition nouvelle... Je ne tardai pas à la
trouver... Quand on a mon ton... mon expérience... mes manières...

— Hum...

— Si tu savais ce que c'est que ma nouvelle
fille... Mais non... j'ai promis le secret jusqu'à la mort...

— Je ne vous demande rien...

— Ici, reprit-elle à voix basse, les murs
ont des oreilles et pourraient avoir une langue... Mais il y a des hasards... il y a des hasards... Enfin, je ne me serais jamais attendue
à celle-là... Ne restons pas plus long-temps
sur ce sujet-là... il brûle la plante des pieds...
Je poursuis... Le monsieur est un Allemand
diplomate, général, ou je ne sais quoi... im-
mensément riche et passablement original...
C'était sans doute un vieux coureur, fatigué des
danseuses et des grandes dames... Il allait ça

et là comme une âme en peine... Il a vu par hasard la personne en question... Tenue dé-
cente... figure de vierge... quelque chose de
neuf et de simple... Ma foi, il a été pincé... Il
s'est mis en campagne, et a fait des efforts de
Goliath pour faire agréer son hommage. Long-
temps il s'est vu repoussé, comme les Autrichiens à Marengo... Il commençait même à
désespérer, et allait battre en retraite dans son
lit... car il était sérieusement malade... C'est
le valet de chambre qui m'a conté tout ça...
lorsque tout-à-coup la petite fille se décida
comme par un coup de tête... On pleura beaucoup, on demanda la permission d'aller dire
adieu à maman qu'on ne devait plus revoir,
et qui demeurait dans un quartier plus ou
moins éloigné, et on se laissa enlever... L'Allemand adore sa Paula, c'est le nom qu'il lui a
fait prendre. Il obéit à tous ses caprices... Il
est pour elle un véritable père... Et comme il
n'a ni famille, ni entourage, tu comprends que
pour la jeune personne la position est assez fi-
celée... Mais, ma parole d'honneur, elle n'en
profite pas... Elle ne se donne aucun plaisir,

aucune distraction... Avec la fortune qu'elle a
à sa disposition, elle pourrait remuer tout
Paris... Elle est triste, ennuyée... On voit bien
qu'une grande passion a passé par là...
Pauvres femmes! voilà où nous en sommes
toutes.

> Et l'on revient toujours
> A ses premiers amours!

N'est-ce pas, militaire ?

— Ce n'est qu'une chanson, Bellotte...

— Quant à moi, je suis là-dedans comme le
poisson dans l'eau... Le diplomate, général ou
je ne sais quoi, voyage assez souvent... On avait
besoin de quelqu'un de respectable et de bien
posé que l'on pût placer à côté de Paula pour
lui donner une contenance... Dieu merci! ma
réputation était faite dans les coulisses de
l'Opéra, et partout ailleurs... Mais, ma parole d'honneur, tout le monde dans la maison
a l'air de jouer le mélodrame... Silence et mystère... Il faut que j'aie bouche cousue... sous
peine de recevoir mon compte... Aussi, je suis
d'une discrétion...

Depuis long-temps Amélie n'écoutait plus la veuve... Elle tournait de temps en temps ses regards vers la porte. Elle craignait que Victor ne rentrât et ne la surprît en pareille compagnie. Aussi, dès qu'elle le pût, se hâta t-elle d'interrompre le bavardage de la Saint-Brice... Elle se leva en lui disant :

—Je vous remercie de votre aimable visite, et...

— Oui..., oui..., je te comprends, reprit la Saint-Brice en la forçant à s'asseoir... C'est une manière honnête de me mettre à la porte... ça ne vient pas du cœur, j'en suis sûre... Tu as peur de l'autre! quel sort !

— Je vous assure...

— Mais est-ce que je ne connais pas ça, mon Dieu! j'ai passé par le *conjungo*... Tous les hommes sont des monstres...

— Merci... Bellotte.

— J'ai encore un tas de petits cancans à te conter... Tu sais bien Gustave... ton ancien...

Amélie se leva encore une fois ; mais la vieille était impitoyable. elle se leva aussi, et continua la conversation debout.

—Eh bien ! Gustave... qui faisait tant d'embarras... il est ruiné... plus un sou, ma chère... ah ! les fortunes d'aujourd'hui sont bien
courtes ! Il s'est mis en petit ménage avec
Amanda ; il dit toujours qu'il attend un héritage, et en attendant il la dévore , cette
pauvre fille. Ce qu'il y a de plus drôle, c'est
que tout en vivant à ses dépens, il laisse croire à ses amis qu'il l'entretient... si ça ne
fait pas suer ! Voilà les beaux capitalistes
que nous avons à présent !... Mais le petit
ménage ne peut pas durer long-temps ;
Amanda commence à se fatiguer, et ma foi,
après elle, qu'est-ce qui voudrait de Gustave ?
Il est si bête... on ne le supportait qu'à cause
de sa fortune ; il sera obligé de se faire groom
ou quart d'agent de change... enfin de travailler un peu... après ça, il ne sera pas bon
à grand chose !

—Allons... ma bonne madame Saint-Brice...
— J'ai fini... j'ai fini... mon ange ! Tu sau-
ras que je ne m'appelle plus Saint-Brice...
non... j'ai renoncé à ce nom là... j'ai repris mon
nom véritable... celui de mon second mari...

je m'intitule madame Metternich; on m'a dit
que c'était le nom d'un gros personnage chez
les choucroûtes...et comme nous sommes appe-
lés tous les jours à voyager dans ce pays-là...
Tiens... si j'allais être la parente du gros personnage, ça lui ferait un peu d'honneur et ça
pourrait me rapporter des trésors... ce serait la
première fois que ce pauvre Metternich m'aurait
été bon à quelque chose... Ah ça ! à propos,
militaire, parlons de lui, ajouta-t-elle en se tournant vers l'invalide; je vous en supplie, si vous
avez un peu d'amitié pour moi, dites-moi où
peut être mon mari... j'en ai le plus grand besoin... Maintenant que je commence à fréquen-
ter les jeunes filles vertueuses, il me serait si
utile ! Je fournirais le père et la mère à la fois !
Quelle belle idée ! jamais ça ne s'est vu, et nous
ferions fortune bien vite ! il a la physionomie
de l'emploi, ce brave Metternich... Je vous en
supplie, militaire... dites-moi où je pourrai
remettre la main dessus...

— Bellotte, écoutez-moi bien...

— Je vous écoute...

— Une supposition... un de mes amis qui
aurait été injustement condamné aux galères
serait parvenu à s'en échapper... je connaîtrais... supposons toujours... je connaîtrais le
lieu de sa retraite et la police viendrait me faire
des questions... est-ce que ce serait bien à
moi de le trahir ?

— Que signifie ?

— Cela signifie que je ne veux pas renvoyer
ce pauvre Metternich aux galères !

— Insolent ! Du reste... je ne pouvais pas
m'attendre à autre chose de votre part... vous
avez toujours été si brutal...

— Pas assez... Bellotte... pas assez...

— Je m'en vais, car je n'y tiens plus.

Amélie, que la présence de la veuve mettait
au supplice, se hâta de faire un mouvement
vers la porte.

— Adieu, Amélie... dis donc, Amélie... un
mot en confidence... il ne te bat pas, n'est-ce
pas ?

— Mais non, répondit Amélie en souriant...

— Il ne te traîne pas par les cheveux ?

— Mais non...

— C'est prodigieux... mais il fait bien, car il aurait affaire à moi... Amélie, je viendrai te revoir...

— Ma bonne madame Saint-Brice...

— Metternich...

— Je vous l'ai déjà dit... j'ai oublié tout mon passé... j'apprendrai de vos nouvelles avec bien du plaisir.. mais votre présence ici pourrait contrarier quelqu'un...

— Malheureuse victime!... C'est égal... de loin je veillerai sur toi...

La veuve embrassa Amélie et tira de sa poche un gros mouchoir à carreaux bleus pour essuyer ses larmes ; puis elle sortit à la grande joie de la jeune femme en disant à Lantoine : « Au revoir, militaire. » A quoi l'invalide répondit d'un ton sec : « Bon soir. »

Victor rencontra la veuve sur le carré.

— Amélie, dit-il en entrant, je ne veux pas que vous revoyiez cette femme...

— Mon ami, vous étiez obéi avant d'avoir parlé.

XIII

La Conspiration.

Peu d'hommes, à la fleur de leur âge, sont blessés à l'âme d'une façon aussi terrible que l'avait été Victor.

La désillusion la plus complète le saisissait au seuil de la vie.

L'amour et l'amitié, ces deux sentiments si doux, ces affections dans lesquelles la jeunesse a une confiance sainte et pure, le trompaient également et à la même heure : et on sait quel vide affreux elles laissent après elles.

Quand on reçoit de pareils coups :

Ou bien on se laisse abattre par le désespoir et on tombe dans un anéantissement com-
ple. C'est le lot des natures faibles. Elles vont
à la folie ou au néant.

Ou bien l'on est une nature forte, et alors
la déception vous inspire une colère sublime.
Loin de vous laisser écraser par votre douleur, vous vous raidissez contre elle; vous
prenez le genre humain en haine et vous vous
livrez tout entier et avec triomphe à l'une de
ces passions dominatrices qui vous permet-
tront de le fouler un jour à vos pieds. Vous oubliez en espérant. Vous jouez, — le jeu donne
de l'or et de la puissance; — vous combattez,
—l'épée donne de la gloire et de la puissance;
— vous écrivez,—la plume donne de la gloire
et de la puissance. Et vous vous étourdissez au
milieu des mouvements tumultueux de votre
âme solitaire. Vient le temps où cette fièvre
s'apaise sous la glace des années; vous rentrez
dans le monde sans vous réconcilier avec lui :
vous y rentrez plus froid, plus vigoureux, plus
maître des autres et de vous-même, et vous ré-
gnez !

Victor se livra avec une sorte de fureur à deux grands absorbants, la littérature et la politique.

Cette crise eut cela de bon qu'elle l'arracha au commerce des couplets et des petits actes dans lequel il s'était déjà fait une réputation. Le malheur donne à l'homme une espèce de seconde vue à l'aide de laquelle il contemple les choses de plus haut. Victor crut qu'il devait au nom de son père de tenter la véritable célébrité littéraire. Notre première scène devint le point de mire de son ambition ; faisant appel aux inspirations de la muse classique, cette bonne nourrice de nos premières années, il chercha dans son talent un filon de cette veine comique, qui chez Molière se montrait en plein soleil et à fleur de terre, et dont notre siècle a perdu la trace.

La place publique était alors en proie à ces agitations politiques qui ont si long-temps compromis l'existence de la dynastie d'Orléans. Toutes les têtes travaillaient et la jeunesse était lancée dans les spéculations gouvernementales, joignant un commencement de pratique à l'étude de la théorie. Victor se mêla avec ardeur à ce mouvement. Il se fit affilier à une société célèbre et devint l'un de ses membres les plus actifs. Il écrivait, agissait, se préparait à la lutte et y préparait les autres.

Une solitude aussi occupée, une vie extérieure livrée à un pareil tourbillon, devaient sans doute laisser à Victor peu de temps pour la réflexion et jeter un voile épais entre lui et ses souvenirs.

Et cependant son esprit s'emparait avec avidité des quelques moments de liberté qui lui étaient accordés et s'envolait à tire d'aile vers les champs du passé !

Thérèse, Cécile !...

Ces deux noms venaient briller de temps en temps aux yeux du jeune homme comme ces feux follets qui attirent le voyageur !

Qu'étaient-elle devenues ?

Une aussi brusque disparition ne pouvait être que l'indice de desseins mauvais.

Peut-être étaient-elles la proie de quelque débauché? peut-être avaient-elles cédé à un appât brillant, à un sentiment vif et irrésistible ?

Quand cette pensée venait à Victor, — elle le torturait d'une manière affreuse.

Pour Thérèse, — c'était de la rage, — pour Cécile, — de l'étonnement, de la pitié, de la honte.

Il aurai tué l'une ; — il aurait pleuré sur l'autre.

Le souvenir de ces deux êtres qu'il avait aimés le rendait également malheureux, — mais l'incertitude était son plus cruel supplice.

Depuis quelque temps un nouvel incident était venu animer un peu la vie de notre héros.

Au théâtre, aux Tuileries, dans la rue, — le soir, — le matin, — presque toujours, — il rencontrait sur son passage une femme à la tournure élégante, aux manières distinguées, dont les traits étaient cachés par un voile. Elle semblait s'attacher à ses pas. Vingt fois il avait voulu se précipiter sur ses traces et lui parler ; mais elle avait été protégée contre ses poursuites, — tantôt par un hasard, — tantôt par la foule, — tantôt par un obstacle qui semblait habilement combiné. — Et elle avait disparu.

Victor n'était point fat de sa nature ; — il n'était pas dans une position d'esprit qui le portât à accueillir avec beaucoup de joie la certitude d'une bonne fortune ; mais la vue de cette femme l'avait frappé dès le premier jour. Elle avait réveillé en lui je ne sais quelle sensation qu'il ne pouvait définir. Il était entraîné plutôt qu'intrigué.

Le fantôme fuyait toujours !

A cette époque, un grand mouvement se préparait contre le gouvernement dans le parti républicain. Victor avait été chargé, avec deux de ses jeunes co-religionnaires politiques, de surveiller la confection de balles et cartouches qui s'opérait dans une fabrique clandestine à l'une des barrières de Paris.

Un soir, il se rendait à son poste et il approchait déjà du lieu du rendez-vous, lorsqu'il entendit tout à coup retentir à ses oreilles ce mot :

« Fuyez !... »

Et une ombre blanche, l'ombre de la femme au voile, s'effaça au coin de la rue la plus prochaine.

Il court. — Rien!—La vision s'était anéan-
tie !

D'où venait cet avertissement? quel crédit
méritait-il?

La résolution la plus généreuse prévalut
dans l'âme de Victor : s'il y avait du danger,
il ne devait pas abandonner ses amis; si le
danger n'existait pas, il y aurait eu de la honte
à se laisser intimider par un avis aussi vague.

Il continua sa route après une courte réflexion; — mais à peine avait-il fait quelques
pas en avant, qu'il se sentit saisi par des bras
vigoureux. Malgré sa résistance et ses cris, il fut
bâillonné, eut les yeux bandés, les mains at-
tachées derrière le dos, et fut jeté dans une
voiture qui partit au grand galop des chevaux.

Au bout de quelques heures la voiture s'arrêta; on en fit descendre Victor avec précaution, on lui ôta ses liens, et on lui défendit sous
peine de la vie d'enlever son bandeau avant
que la voiture ne se fût éloignée, et que le bruit
des rues n'eût cessé de retentir à ses oreilles.

La recommandation était inutile; Victor dont
les membres étaient endoloris par les liens et

engourdis par le froid de la nuit, était incapable
d'aucun mouvement ; il ne reprit qu'au bout
de quelques moments l'usage de toutes ses facultés : il se débarrassa du bâillon et du bandeau.

Il vit qu'il faisait petit jour, et qu'il était
au milieu des Champs-Élysées.

Il apprit par les journaux du matin que
tous les républicains qui se trouvaient dans
la fabrique de poudre, avaient été arrêtés et
qu'ils allaient comparaître devant la justice.
Saint-Michel et Doulens les attendaient.

XIV

Le Comité.

Le comité d'un très grand théâtre était réuni pour une lecture. Les acteurs qui en faisaient partie étaient déjà présents; on attendait les dames : elles font toujours attendre un peu, — je voulais dire qu'elles se font désirer.

Enfin Sylvia, la grande coquette de la compagnie, arriva une demie-heure au moins plus tard que ne le lui avait demandé son bulletin.

Elle jeta en entrant un regard bienveillant à ses amis, un regard hautain et fier à ses ennemis, et alla s'asseoir auprès d'un jeune acteur qui paraissait prendre son rôle de juge peu au sérieux, et laisser faire toute la besogne aux importants et aux gros bonnets de l'ordre.

—Eh bien... Mathias... lui dit-elle... qu'allons-nous faire ce matin ?

— Entendre la lecture d'une comédie en cinq actes...

— Cinq actes, et une comédie ! le fruit est rare... quel est l'auteur ?

— Ce n'est point un de nos fournisseurs ordinaires... on m'a nommé un jeune homme qui a déjà fait quelques vaudevilles...

— Je crains pour lui...

— Pour lui ou pour son œuvre ?...

— Pour son œuvre d'abord... une comédie en cinq actes est si difficile à faire !...

— Et à faire jouer...

— Voilà ensuite pourquoi je crains pour lui.

— Il est appuyé.

— Par qui ?

— Par une dame.

— Son nom ?

— Je l'ignore... mais, ce qu'il y a de cer-

tain, c'est qu'elle paraît avoir une très grande
influence.

— Oh ! il se fait recommander par les dames... c'est adroit...

— N'est-ce pas?

— A qui a-t-on parlé?

— A l'un des deux plus puissants d'entre
nous... à Lansac. J'ignore ce qu'on lui a promis.

— Lansac a sa coterie... mais Vanber a
aussi la sienne... et si Lansac vote pour le jeune homme, Vanber votera contre lui...

— L'habile protectrice aurait dû chercher
à concilier ces deux influences.

— C'est difficile... Le moyen?...

— Eh mon Dieu! c'eût été de faire accor-
der une faveur à Vanber, en même temps
qu'on en obtenait une pour Lansac... Ils se
seraient peut-être entendus... Une fois n'est
pas coutume...

— Est-ce que Vanber demande quelque
chose?... je le croyais riche...

— Il lui reste des besoins d'amour-propre...
Il est professeur, vous le savez... Dernièrement il a fait débuter l'une de ses élèves... une

jolie petite perruche bien maniérée, et qui gazouille à peu près... Le commissaire royal se refuse à l'engagement, *à moins qu'un ordre exprès ne vienne...* Vanber est furieux...

— Aussi me paraissait-il ce matin plus laid que de coutume...

— Vous êtes indulgente pour son passé.

— Ce qu'il y a de sûr, c'est que moi, qui ai su rester indépendante des deux coteries, et qui tiens la balance entre elles par les quelques voix dont je dispose, je me prononcerai contre le jeune homme.

— Et pourquoi?

— Parce qu'il est soutenu, à ce qu'il paraît, par les bureaux du ministère, et que je suis furieuse contre le ministère.

— Ce n'est pas logique.

— C'est de la logique de femme.

— Irritée.

— Au moins contrariée... Figurez-vous que notre grand faiseur m'a donné hier à entendre qu'on lui avait demandé de confier le rôle principal de sa pièce nouvelle à la petite Aménaïde, cette jeune fille de quarante ans... Ce

rôle ne pouvait m'échapper... il est de mon
emploi... Il est vrai que moi, je n'ai pas d'ap-
pui dans la pairie... je ne fais pas de politique...

— Le mot courra.

— Je l'ai dit exprès.

— Il paraît que vous me connaissez...

— C'est vous qui avez répandu le **dernier**
qui a été lancé contre moi.

— Il n'était pas de mon crû.

— Tant pis pour vous, car il était fort joli.

— Vous me boudez?...

— Quelle plaisanterie!... J'aurais trop à
faire ..

— Pour me réconcilier tout-à-fait avec vous,
je mets ma voix à la suite de la vôtre...

— J'accepte... Et vous me serez toujours
fidèle?...

— Comme je le suis à ma maîtresse. Et vous?

— Comme votre maîtresse vous est fidèle.

— Ce n'est pas vous engager.

— Le trait est charmant. Est-il de vous,
cette fois?

— Pourquoi cette question?...

— C'est qu'il aurait pu être de l'un des for-
tunés rivaux qui vous l'ont inspiré. On a tant
d'esprit à quatre !

— Décidément, vous êtes trop heureuse ce
matin. Je bats en retraite.

— Signons la paix, et je garde ma conquête.

Un coup de sonnette retentit. L'auteur com-
paraissait devant ses juges.

Victor déploya son manuscrit et lut son
œuvre avec une vive émotion.

La pièce avait un grand titre : l'*Argent.*

Le sujet était vaste, — un peu trop vaste, —
comme tous ceux qu'embrasse l'œil hardi de
la jeunesse.

L'argent, pivot de l'œuvre, était repré-
senté comme le mobile de notre société ! Et
tout autour se mouvait la foule de ses adora-
teurs, — banquiers, avocats, députés, marchands, usuriers, corrupteurs et corrompus,
hommes vendus et hommes à vendre. Toutes
les misères, toutes les infamies, toutes les dé-
gradations qu'enfante l'argent étaient étalées devant les yeux. Que de vices flagellés ! que de
plaies découvertes ! C'était un vaste panorama

où une mu!titude de caractères passaient tour
à tour et se dessinaient vigoureusement tout
en se mêlant à l'action.

Et puis, toute la pièce était traversée par une
sombre et majestueuse figure d'honnête homme, d'homme de talent, qui ne voyait que l'art,
et laissait les autres se ruer à la curée. Long-
temps il était bafoué et éclaboussé. Mais venait
le jour où sa gloire était si grande, que l'opinion publique, presque violentée, s'inclinait
devant elle et rendait hommage à ce génie
probe et pauvre, tandis que les Mondors, écra-
sés par le contraste , restaient dans l'obscurité
et dans la boue. Là était la morale.

Le dernier mot de la pièce résumait tout :

« Il ne faut qu'un caractère pour refaire une
époque. »

Cette comédie était un vaste tableau où la
grandeur du plan n'excluait pas la richesse et
le fini des détails. Les mœurs étaient peintes
avec la fidélité du burin. Les ridicules étaient
fustigés avec gaîté, — mais avec cette gaîté
sauvage de l'homme indigné qui laisse le sang

là où son fouet a passé. Les mots incisifs et lumineux scintillaient de toutes parts.

Dans le comité, les esprits vulgaires furent effrayés et déroutés, les esprits fins, éblouis.

Mais là n'était pas la question... Elle était tout entière entre Lansac, l'adroit gascon, et Vanber, le froid et rusé diplomate ; — ou plutôt, elle était tout entière dans l'adhésion de ce dernier.

Après la lecture, Victor se prépara à se retirer dans une salle d'attente, et au même instant un domestique apporta deux lettres , l'une à l'adresse de Vanber, l'autre à celle de Sylvia.

Vanber sortit aussitôt, et Victor, qui l'avait suivi de quelques pas, se trouva dans un corridor obscur.

Il entendit ces mots prononcés par Vanber :
— Ah! madame... un ordre d'engagement pour mon élève! que ne vous dois-je pas? Vos desirs seront des ordres pour moi !...

Et en même temps Victor sentit ses vêtements frôlés par une robe de femme, et ces mots retentirent à son oreille :

— Vous serez reçu !

Un bruit de porte fermée se fit entendre !...
Victor était seul !...

Il chercha un instant son chemin à tâtons,
puis fut forcé de s'appuyer contre le mur, tant
son cœur battait à coups redoublés dans sa
poitrine.

Cette voix, c'était celle qu'il avait déjà en-
tendue le jour de l'arrestation de ses amis politiques !

Quoiqu'elle fut déguisée, il croyait vague-
ment la reconnaître !

N'était-ce point la voix de Cécile ?

XV

L'Argent !

Un second coup de sonnette retentit.

Victor avait à peine la force de marcher.
Tant d'émotions l'accablaient, et la grande coquette Sylvia lui trouva un petit air pâle et in-
téressant qui, selon elle, ne lui allait pas mal.

Lansac proclama à haute voix le résultat du
scrutin.

La comédie de Victor était reçue à l'unani-
mité moins deux voix, — sans doute l'opposition d'extrême gauche du comité.

Le jeune homme accueillit avec modestie les
félicitations de ses juges, descendus de leurs
siéges, et les remercia de leur indulgence.

— Mathias, dit Sylvia à son voisin en se re-
tirant... venez...

— Clitandre est aux ordres de Célimène...

— J'ai une nouvelle à vous confier, pour
qu'elle soit redite...

— Je prépare ma trompette...

— Savez-vous ce que c'est que la lettre que
j'ai reçue pendant le comité?...

— Non... je ne suis pas indiscret...

— Cependant, vous y avez jeté les yeux à la
dérobée?...

— Vous voyez tout... Eh bien... je n'ai
aperçu que le cachet du ministère...

— Et vous ne vous êtes pas douté de ce que
cela pouvait être...?

—· Si fait...

— Vous avez lu...

— Non... ma parole d'honneur....

— Comment savez-vous donc...

— N'avez-vous pas dit que vous vous pro-
nonceriez contre le jeune homme parce que
les bureaux vous faisaient un passe-droit?...
Vous et les vôtres avez voté pour lui... c'est
qu'on vous a rendu votre rôle dans la piè-

ce du grand faiseur... et cette lettre qui vient du ministère vous a appris à temps cette nouvelle.

— Pourquoi donc m'avoir fait parler, puisque vous saviez tout...

— Pour avoir le plaisir de vous entendre...

— Flatteur !

— Vous avouerez au moins que la protectrice en question est une femme habile...

— Je vous en souhaiterais une pareille...

— J'irais trop loin...

— Ce n'est pas vous que cela fatiguerait...

— Qui donc ?

— Le public...

— Vous êtes en veine... je fuis !

Victor eut un bonheur sur lequel il n'avait pas compté lui-même ; il fut immédiatement mis en répétition et sa pièce ne tarda pas à paraître devant le parterre.

Elle reçut l'accueil le plus brillant et fit véritablement époque dans les annales de la littérature dramatique.

Dans un temps où les pastiches abondent, le sentiment public se prononce très vivement

pour les œuvres graves et consciencieuses.
Et ici, en dehors de la faveur générale attachée au genre, il y avait des mérites assez
éclatants pour que la critique put admirer
sans se compromettre. Quelques connais-
seurs de l'orchestre n'hésitèrent pas à dire
qu'un poète comique nous était né. Le plus
beau moment pour Victor fut celui où il entendit le nom de Lambert, le nom de son père,
qu'il avait enfin livré à une publicité digne de
lui, salué par les bravos de toute la salle.
C'était comme un écho de Montenotte et de
Lodi. L'invalide, qui était au parterre, pensa
en mourir de joie.

Victor fut rappelé et forcé par les acteurs
de reparaître avec eux devant le public. Une
couronne tomba à ses pieds; il jeta rapidement
les yeux sur la loge d'où elle partait. Mais le
grillage était déjà levé et ses yeux ne virent
qu'une ombre qui s'éclipsait dans l'obscurité!

Il ramassa la couronne aux applaudissements
du public; elle était humide de larmes brûlantes.

La main qui ornait ainsi le triomphe ne
pourrait être que celle qui l'avait préparé.

XVI

Elle.

Ce premier et grand succès avait ouvert à
Victor la carrière, lui avait frayé la route vers
les honneurs littéraires. Sa position lui avait
permis de mettre à la scène tous les produits
de ses veilles, et sa réputation en avait reçu
un lustre nouveau. Sans compter encore parmi les princes de la littérature, il prenait une
place au milieu des maréchaux, pour me servir de l'expression d'un romancier célèbre.
Les succès de théâtre sont les plus brillants
de tous; ils vous donnent rang du premier

coup et vous popularisent. La scène est un pavois.

Victor avait été attiré dans quelques salons d'anciens amis de son père qui ne l'auraient pas reconnu, pauvre et obscur, et qui fêtaient le poète applaudi et célèbre!

Il n'avait plus qu'un pas à faire pour être l'une de ces grandes existences dont s'honore le pays et que ses votes placent partout dans les assemblées politiques, comme dans les Académies.

Victor n'avait que de la répugnance pour la vie brillante et agitée, pour l'éclat faux et menteur du monde. Il aimait à se concentrer en lui-même, à vivre seul. Le plus souvent, quand le travail lui laissait quelque relâche, il allait promener ses rêveries sous les grands arbres de l'un de nos jardins publics. Le Luxembourg lui plaisait surtout avec ses belles allées désertes, son silence si propice à la méditation et sa physionomie calme, honnête et studieuse.

Les énivrements de la gloire n'étaient point parvenus à faire oublier au jeune homme sa double blessure; elle était toujours ouverte et saignante. Et l'inquiétude qu'avait jeté dans sa vie l'apparition de l'être mystérieux qui le poursuivait depuis quelque temps, n'avait fait que raviver ses douleurs.

Il est neuf heures — la nuit commence à étendre ses voiles sur la terre et les objets perdent peu à peu leur forme et leur couleur. La retraite bat dans l'allée de l'Observatoire, et les paisibles promeneurs se hâtent de quitter les bancs du jardin pour rejoindre leur domicile légal. Victor les suit machinalement, lorsque tout-à-coup ses yeux se fixent sur une délicieuse silhouette de femme qui passe devant lui... Plus de doute... c'est l'être mystérieux ! Voilà bien sa démarche... sa tournure... Victor s'élance... mais profitant de l'obscurité, *elle* s'est enfoncée dans un massif d'arbres et s'est dérobée à tous les regards.

Après être sorti du jardin, Victor suit tout pensif le trottoir et dans son agitation il se dit tout haut à lui-même :

— Quelle est cette femme? quand la verrai je?

Il reçoit aussitôt cette double réponse :

—C'est moi... Jamais...

Puis aussitôt un *adieu* jeté d'une voix attendrie.

Il lève la tête...

L'être mystérieux s'était penché vers lui du haut d'une calèche élégante — et la calèche partit comme l'éclair ; — mais non pas assez rapidement pour que Victor ne pût voir encore l'adieu que l'être mystérieux lui adressait de la main et pour que ses yeux de lynx ne distinguassent les traits de la veuve Saint-Brice, de l'ancienne mère d'Amélie, qui était assise sur le devant de la voiture.

La veuve Saint-Brice ! !

Que pouvait-elle avoir de commun avec *elle* ?

La veuve Saint-Brice ! !

Quelle étrange complication d'événements et de personnes !

Victor se hâte de rentrer chez lui, il est tout en nage.

— Où demeure, dit-il à Amélie, où demeure cette femme que j'ai vue l'autre jour ici...

— Qui donc...

— Celle que vous appeliez votre mère...

— Oh! mon ami...

— Mais parlez donc... je suis d'une impatience...

— Pourquoi donc vous intéresser si fort à elle aujourd'hui...

— Mais parlez donc...

— J'ignore où elle demeure...

— Et ne doit-elle pas revenir ici ?

— Je lui ai fait entendre que cela me désobligerait...

— Vous avez toujours des idées si singulières...

— Mais ne m'avez-vous pas ordonné de ne plus la revoir ?

— C'est vrai... je suis un fou... et je vous demande pardon, Amélie.

QUATRIÈME PARTIE.

XVII

La Cour des Postes.

—Ah! Vulpinien...

— Eh bien! qu'avez-vous donc, mon cher ami...

— La plus étonnante aventure!

— Est-ce un incident nouveau pour votre prochaine comédie?

— Il s'agit bien de cela!...

— Mais comme vous suivez des yeux cette malle-poste qui fuit devant nous!

— C'est que... mais vous ne pouvez comprendre...

— Au fait... je n'y comprends rien... il faut passer rue Jean-Jacques Rousseau pour voir de semblables choses !... Les voyages et les voyageurs seront toujours une source féconde d'incidents et de péripéties... Je vous rencontre... Nous étions là en train de causer... et puis tout-à-coup...

— Mais entrons... entrons... il faut que je m'informe...

Victor entraîna Vulpinien dans la cour des Postes et s'adressant à un conducteur :

— Quelle est cette voiture qui vient de partir ?

— La malle de Strasbourg...

— Une vieille dame n'y a-t-elle pas pris place ?

— Oui... Monsieur... une vieille dame accompagnée d'une plus jeune...

— C'est cela... se dit Victor... j'ai bien reconnu la veuve Saint-Brice... l'autre... la plus jeune... c'est elle...

— Elles ont retenu la voiture entière pour elles seules... dit le conducteur... et la jeune dame n'a pas un seul instant levé son voile ce qui fait supposer que c'est quelque personne de haute condition...

— Oui... toujours du mystère...

— Mais m'expliquerez-vous enfin, dit Vul-pinien...

— Laissez-moi donc...

— C'est que c'est embrouillé comme un drame de la Porte-Saint-Martin...

— Monsieur, dit vivement Victor au conducteur, il n'y a plus de voiture pour Strasbourg...

— Non... Monsieur... diable! deux malles-poste sur la même route... ce serait trop cher... Il faut attendre à demain...

— Je voudrais partir aujourd'hui...

— C'est difficile... à moins que vous ne fassiez un petit détour...

— Je suis décidé à tout...

— Eh bien... tenez... la malle de Nancy va partir... le postillon fait déjà claquer son fouet... Il y a justement encore une place... Prenez-la, et une fois à Nancy, vous n'aurez qu'un pas pour arriver à Strasbourg... Les communications sont faciles...

— Je prends la place, s'écria Victor... Voilà

de l'argent... ayez l'obligeance de me faire
faire mon bulletin...

Et il s'élança dans la malle-poste de Nancy!

— Une fois à Strasbourg, murmura-t-il entre
ses dents, je retrouverai bien leurs traces.

Vulpinien, très intrigué, allait s'accrocher
à la portière pour demander encore des explications, lorsque le signal du départ retentit. Il
n'eut que le temps de se jeter en arrière pour
ne pas être écrasé, et il s'en alla en répétant à
plusieurs reprises :

— C'est fort original... Je ferai une pièce
là-dessus.

La malle-poste, quoique dévorant l'espace,
n'allait pas encore assez vîte au gré de Victor.
Il aurait voulu qu'elle sautât par-dessus les
montagnes, qu'elle allât à travers champs,
qu'elle eût des ailes, ou tout au moins qu'elle
fût entraînée par une locomotive sur deux lignes
de fer.

Il n'était pas fort à son aise; dernier venu,
il occupait la place du milieu, et se trouvait
pris comme dans un étau entre un gros Anglais
qui se rendait aux eaux de Bade, et un non

moins énorme marchand de comestibles de Paris, qui allait d'abord à Nancy dans sa famille, et de là à Strasbourg, pour y traiter d'une forte partie de pâtés de foie gras. Mais Victor s'occupait bien de la gêne physique ! Il vivait par l'imagination, et suivait de loin dans sa course aventureuse l'être mystérieux qui lui avait jeté le mot *jamais* comme une sorte de défi.

De temps en temps il demandait à M. Poupelard, le marchand de comestibles, quel était le nom des villes et villages que la voiture traversait, afin de savoir si l'on se rapprochait enfin du but du voyage.

Et M. Poupelard, relevant son bonnet de coton qui tombait sur ses yeux, répondait très complaisamment :

—Nous sommes à Épernay, patrie du fameux vin de Champagne.

Ou bien :

Sainte-Menehould, où l'on fabrique à la perfection les pieds de ce nom.

Ou bien :

Ici Bar-le-Duc, pays des confitures de groseille !

M. Poupelard ne connaissait les localités que par leurs produits gastronomiques ou culinaires.

Arrivé à Nancy, Victor ne perdit pas de temps. Il écrivit une lettre, et partit aussitôt pour Strasbourg.

La lettre était pour l'invalide.

« Mon vieux camarade ,

« Le père t'a fait courir toute l'Europe à sa suite. Mais au moins alors tu étais jeune, et tu ne demandais pas encore le repos. Le fils va te forcer à ressaisir pour quelques jours le bâton de voyage. Il a besoin du secours de ton amitié.

« Prends les billets de banque que tu trouveras dans mon secrétaire ; laisse la moitié de la somme à Amélie, en lui disant que je donne ordre à mon banquier de lui tenir un crédit ouvert. Si elle te demande où je suis , si mon retour sera prompt, dis-lui que tu l'ignores. Je vais peut-être au bout du monde.

« Si je savais quelle direction je dois prendre, où je dois m'arrêter, je t'épargnerais cette course-là. Mais une lettre ne me suivrait pas ;

toi, tu finiras par m'atteindre. Il te reste encore assez de jambes pour cela.

« Viens me rejoindre à Strasbourg, à l'hôtel
de l'Aigle noir ; si je n'y suis plus, j'aurai laissé
mon itinéraire. Nous passerons probablement
le Rhin.

« Du courage, mon vieux camarade ; tu as
déjà fait ce chemin-là !

« A bientôt. »

A Strasbourg, Victor courut aussitôt à l'hôtel
de la malle. Les deux dames qu'il désignait
avaient pris aussitôt une chaise de poste, et
étaient parties pour Bade. Une demi-heure
après, Victor traversait le pont de Kehl.

A Bade, après avoir eu une conversation de
quelques instants avec un vieillard qui était
venu les saluer à la portière de leur voiture,
elles avaient pris la direction de Francfort.

Victor s'élança sur la route de Francfort.

Malheureusement, là il perdit les traces des
deux voyageuses. Elles avaient quitté leur chaise
la nuit, à la porte de Francfort, et depuis ce
moment, personne ne pouvait plus donner de

leurs nouvelles, Un paysan prétendait bien qu'il avait vu, quelques jours avant leur arrivée, une élégante embarcation stationner sur le Mein, et que depuis elle avait disparu ; mais il ne pouvait affirmer qu'elles y fussent montées, et, d'ailleurs, l'embarcation était tout-à-fait inconnue sur la rivière. Victor suivit quelque temps les bords du Mein, demandant aux riverains et aux bateliers s'ils n'avaient point vu ce qu'il cherchait ; personne n'avait rien vu.

Il était dépisté.

A Francfort, il fut rejoint par l'invalide, qu'il laissa libre, s'il le voulait, de retourner à Paris.

— Avec votre permission, monsieur Victor, lui répondit Lantoine, je resterai avec vous...

— A ton aise, mon vieux camarade...

— Je ne sais pas si vous me croirez... mais, tenez... ce voyage m'a tout ragaillardi... Il me semble que je n'ai plus que vingt-cinq ans... Je me croyais tout-à-fait patraque... Eh bien non... il y a encore quelque chose sous mon fourniment... C'est que...voyez-vous... je viens de parcourir un pays qui m'a rappelé des

choses... mais des choses... que mon cœur
bondit encore dans ma poitrine quand j'y
pense... Oui... vous l'avez bien dit... j'ai déjà
fait ce chemin là... et avec des crânes chefs de
file encore... Le Rhin, je l'ai traversé en 96,
en 99 avec Hoche, en 1800 avec Moreau, en
1805 avec le petit... Il n'y a pas sur ses rives
un seul endroit où je ne me sois battu... C'est
une vieille connaissance! En le revoyant, je n'ai
pu retenir les larmes qui coulaient de mes
yeux... Ah! monsieur Victor... quel beau moment! vive l'Empereur!

C'était le cri ordinaire de l'invalide dans ses
grands moments d'émotion.

— Prends garde, mon vieil ami... prends
garde, lui dit Victor... Ce cri là pourrait bien
ici t'attirer quelque mauvaise affaire...

— Ils l'ont cependant entendu bien souvent
autrefois...

— Oui... mais ils ne veulent plus l'entendre... ou du moins on ne veut plus qu'ils
l'entendent...

— C'est différent... on se taira... mais si
nous étions seulement dans ce pays-ci trente

mille bons lapins comme moi avec le grand
Augereau ou ce sacré chien de Vandamne, nous
pourrions crier vive l'Empereur tout à notre aise.

— Oui... reprit Victor en souriant... mais
Augereau et Vandamne sont morts...

— Et l'Empereur aussi... Mais nous vivons
encore, nous autres... ou plutôt c'est la France
qui vit encore... et si elle le voulait bien... il
y a derrière nous autres, les anciens, un tas
de pantalons rouges qui ne boudent guère...

— Chut... mon ami... voilà de la politique... et la police allemande a de fines
oreilles...

— Comme toutes les polices du monde...

— Plus fines encore, surtout lorsqu'il s'a-
git des Français...

— Je comprends... On nous *mécanise*, là où
nous faisions la loi autrefois... Ça ne peut pas
durer... ça ne peut pas durer...

— Chut...

— Suffit... on se taira... mais c'est égal...
les temps sont bien changés, et ce pays aussi...

— Allons... silence, vieux grognard... dit
Victor en lui tirant l'oreille.

XVIII

Renseignements.

Victor errait comme un navire sans bous-
sole dans cette ville de Francfort, qui ressemble à un caravansérail, où toutes les nations
se sont donné rendez-vous. On n'y demeure
pas, on y campe. Et dès que l'on a fait fortune,
on va chercher une retraite dans quelque
pays où le ciel n'est pas d'or et le pavé d'argent, où l'on peut entendre autre chose que le
bruit des écus sur les comptoirs, où il y a du
soleil, des fleurs, des mélodies dans l'air.
Banquiers, diplomates, marchands, passent
tour à tour dans Francfort. Les Juifs seuls y

restent comme dans une ville d'asile. C'est leur
nouvelle Jérusalem. On y fait des emprunts et
des protocoles. On y cote les gouvernements,
on y mesure les libertés des peuples. On y
compte les pulsations du pouls de l'Europe.
Les roueries financières et politiques s'y font
une rude concurrence. Tout y est mensonge
et calcul. C'est une triste cité !

Victor, après avoir dans son désœuvrement
visité toute la ville, se promenait tristement
dans l'enceinte de la Bourse, ce vaste Caphar-
naüm où vient s'engloutir le fruit des sueurs
de tant de peuples, lorsqu'un souvenir le
frappa tout-à-coup. L'invalide avait assisté à la
conversation qui avait eu lieu entre Amélie et la
veuve Saint-Brice. Peut-être celle-ci avait-elle
révélé son secret. Un mot pouvait tout éclaircir.

Et d'ailleurs, dans la situation de Victor,
au moment de perdre pied et de se noyer, ne
saisait-on pas d'une main convulsive les ro-
seaux et les herbes du rivage comme s'ils pouvaient vous arracher à la mort?

Victor s'empara de Lantoine, s'enferma avec
lui dans sa chambre, et l'accabla de questions.

— Tu étais là, l'autre jour, lorsque cette vieille femme est venue visiter Amélie?...

— Oui...

— Et tu as entendu tout ce qu'elle disait?...

— Non, pas précisément... parce que... voyez-vous... je n'écoutais pas beaucoup...

— Il fallait écouter...

— Tiens..., pourquoi donc cela?

— Eh! morbleu! pour entendre!

— Je ne m'en souciais guère...

— Mais je m'en souciais... moi...

— Dam! si je l'avais su...

— Tu n'es qu'un maladroit...

— Merci... C'est que, voyez-vous, la vieille dame en question ne me revient guère; je n'en ai eu que trop de sa conversation dans ma vie...

— Tu la connais donc?...

— Parbleu!... Comment? Mamselle Amélie ne vous a pas conté la chose?...

— Elle ne m'a rien dit...

— Ma foi... je suis tout honteux de vous dialoguer ça... Ce n'est pas ma faute... Allez... j'avais ce jour-là un petit coup de vin blanc de trop dans la tête... et voilà comment les malheurs arrivent...

— Enfin!...

— Eh bien... la vieille sempiternelle en question a été ma femme...

— Ta femme!...

— Heureusement que le divorce a passé par là...

— Et tu ne sais pas où elle est?...

— Voilà trente ans que je ne m'en soucie plus... Cela regarde son second... une espèce de jobard...

— Mais qu'as-tu recueilli de la conversation de l'autre jour?...

— Pas grand'chose. Des menteries... des phrases!... Elle prétendait qu'elle avait un grand genre, de belles manières... La malheureuse!

— Et puis?

— Et puis elle disait qu'elle était exposée tous les jours à voyager avec une jeune fille.

— C'est bien cela.

— Et puis elle parlait d'un grand seigneur... de diamants... de mères et d'enfants. Que sais-je, moi? un déluge, un vrai déluge.

— Et a-t-elle prononcé le nom de la jeune fille?

— Non... Ah! si fait, il me semble qu'elle en a parlé...

— Oh! je t'en prie... je t'en supplie... Lantoine... mon bon Lantoine... mon vieux camarade, fais appel à toute ta mémoire... Cherche bien... Le nom... le nom...

— Il me semble qu'elle a dit qu'elle s'appelait...

— Qu'elle s'appelait...

— Attendez-donc... Paula... oui, Paula, c'est cela...

— Paula... jamais ce nom n'a frappé mon oreille.

— Totalement inconnu pour moi également.

— Oh! je donnerais dix années de ma vie pour retrouver cette vieille femme!

— Et moi, quoique je sois un peu plus vieux que vous, je dépenserais la même somme pour ne la revoir jamais.

XIX

La Table d'hôte.

— Polydore !

— M. Victor !..

— Et par quel hasard êtes-vous à Francfort, mon cher?

— Ne savez-vous pas que les artistes dramatiques sont un peuple essentiellement nomade... mais vous?

— Oh! ce serait une histoire beaucoup trop longue à vous raconter... c'est une folie.. qu'il vous suffise de savoir que je suis dans une disposition d'esprit fort maussade et que rien ne pouvait m'être plus agréable que de vous rencontrer, Polydore, dans cette ville de juifs et de banquiers. Loin de la France, il m'est doux de presser dans la mienne une main française, surtout quand cette main est celle d'un ami.

— Vous êtes tout aimable... et je vois avec plaisir que le succès ne vous a point changé.

— Il n'a cette influence que sur les esprits médiocres...

— Alors les esprits médiocres sont en majorité.

— Mais vous ne m'avez pas expliqué le motif qui vous a conduit sur cette terre de Franconie, berceau de nos aïeux, vous, Polydore, qui depuis quinze ans déridiez tous les soirs un parterre parisien.

— Mon cher ami, né dans le faubourg du Temple, d'une famille d'ouvriers, élevé au biberon dramatique dans un théâtre de la banlieue, Parisien de position et d'habitude, j'ai fort peu voyagé dans ma vie... un beau matin, je fus pris de cette fureur de locomotion qui est la passion des artistes... nous descendons un peu des Bohémiens et le comédien ambulant est le vrai type de notre race... Je rompis mon engagement et je m'enrôlai pour plu-sieurs représentations dans une troupe qui allait exploiter quelques villes d'Allemagne ! l'Allemagne ! la patrie de Goëthe et de Schil-ler ! Il y avait long-temps que je l'avais vue dans mes rêves, secouant sur ma tête ses bouquets de blonds épis et ses guirlandes de ballades ! Je l'aimais d'instinct ! — oh ! le cœur me battait quand j'ai mis le pied sur le sol de la vieille Germanie...

— Et vos illusions ont-elles duré ?

— Beaucoup plus que ne durent ordinaire-ment des illusions ! j'ai trouvé que les villes, non pas toutes, mais presque toutes les villes, avaient perdu l'empreinte allemande... elles ressemblent à tout ce que nous connaissons... Des mœurs factices... des modes étrangères... une langue qui a poli ses aspérités et son ca-ractère... le costume banal de la civilisation... Paris bossu et contrefait... Paris manqué au da-guerréotype... Beaucoup de cités dans la Bavière, le pays de Bade, Saxe-Gotha, sont neuves ou re-faites à neuf... rien de plus grotesque... leur régularité grecque, leur physionomie d'un froid pompeux et mesquin, jure avec les horizons larges et brumeux du ciel de la Germanie! Comme la féodalité avec ses minces tourelles, ses cathédrales ciselées et ses hardis pignons se dessinait bien sur ce beau ciel là... Dans les cités qui ont conservé leur aspect gothique, les habitants forment avec les édifices un contraste ridicule... je n'oublierai jamais Cologne et Mayence... en y entrant, il me semblait voir une colonie d'abonnés de notre journal des modes de 1825, transportée tout à coup dans une ville du moyen-âge.

— Et la campagne... hein?

— La campagne... oui... voilà où j'ai retrouvé l'Allemagne! Nature grande, sombre, puissante... forêts immenses et noires... larges fleuves sur les bords desquels se dressent encore les murailles crénelées de la féodalité... paysans aux figures franches et ouvertes, aux mœurs hospitalières, qui ont conservé le costume et les habitudes de leurs pères!... Un jour j'ai été témoin d'un spectacle qui ne sortira pas de ma mémoire; c'était dans la Souabe... Je me promenais sur les bords d'une rivière, par un beau soleil de juin, et j'allais traverser un vieux pont à l'entrée duquel se trouvaient deux statues de saints, noires et vermoulues, mais que respectait toujours la piété des voyageurs. L'horizon était pur... la terre étalait autour de moi ses richesses, et le silence le plus profond régnait... ce silence religieux de la nature qui n'est troublé que par le gémissement doux et plaintif de la brise dans le feuillage... j'étais plongé dans un recueillement profond... tout à coup un chant harmonieux et lent vint retentir à mon oreille... c'était un concert de voix humaines qui s'élevait vers les cieux... il faut avoir entendu ces voix fortes, justes, mélodieuses, résonner au milieu de ces belles campagnes, pour comprendre tout l'effet qu'elles devaient produire : bientôt je vis s'avancer une longue procession de paysans qui marchaient en deux files sous la conduite d'un prêtre catholique et d'un pasteur protestant. Ils parcouraient leurs champs en demandant à Dieu de bénir leurs moissons. Ce cantique simple et religieux, ces braves gens si re-

cueillis, ces deux serviteurs de deux autels
unissant leurs prières, ces vêtements à la coupe
antique et qui rappelaient une autre époque,
ce calme, cette foi naïve, tout cela m'émut
profondément... j'avais bien devant les yeux
la vieille Allemagne. Cherchez donc ailleurs un
pareil tableau?

— Mes impressions, mon ami, ont été les
vôtres...

— Elles seront celles de tout homme qui
sent... il faut avoir un cœur pour comprendre
l'Allemagne.

— Et comme ce peuple est merveilleusement
organisé pour les émotions de l'art !

— Il l'aspire par tous les pores... Mon plus
grand regret est de ne pas savoir la langue de
Goëthe et de ne pouvoir essayer mes forces
sur un parterre populaire. Nous ne jouons
ici, nous autres comédiens français, que devant un public aristocratique et qui rit du bout
des lèvres.—Nous n'avons en face de nous que
des diplomates ennuyés, des touristes, d'épais
banquiers, des douairières autrichiennes et
badoises... Ces gens là sont blasés et ne ré-

pondent pas à l'acteur. Je voudrais entendre
mugir autour de moi cette grosse gaîté com-
municative qui s'échappe de la poitrine des buveurs de bière. Elle doit avoir une vertu élec-
trique et surexciter la verve de l'artiste.

— Aussi l'Allemagne est-elle la patrie des
auteurs d'inspiration et des poètes d'un génie
profond et populaire.

— Et j'ajouterai... mais diable ! il est cinq
heures... le dîner m'appelle... voulez-vous venir passer une heure avec moi à la table d'hôte
de l'auberge des *Trois-Rois?*.. cela vous dis-
distraira...

— Volontiers...

La table d'hôte de l'auberge des *Trois-Rois*
offrait une physionomie assez curieuse. On y
voyait de jeunes artistes français, cœurs pleins
et bourses vides, qui venaient sur les bords
du Rhin pour chercher des points de vue et des
paysages; des chevaliers d'industrie qui allaient
piquer la carte aux eaux d'Ems et de Tœplitz;
des commis de maisons de banque aux allures un peu gourmées et pédantesques ; des
étudiants allemands avec leurs longs che-

veux, leurs galettes de velours sur la tête et leurs pipes en sautoir; des commis-voyageurs de toutes les nations; et enfin pour brocher sur le tout, les membres des deux sexes de la troupe dramatique dont faisait partie Polydore.

On parlait toutes les langues autour de cette table; c'était une véritable Pentecôte.

Victor prit place auprès de Polydore et celui-ci s'acquitta très complaisamment auprès de lui des fonctions d'introducteur.

— Vous ne voyez ici, lui dit-il, aucune figure de connaissance ?

— Aucune...

— Regardez bien....

— J'ai beau regarder...

— Là-bas au bout de la table...

— Qui ?... ce jeune homme à la figure pâle et fatiguée qui paraît plein d'attention et de prévénances pour la femme placée à côté de lui...

— Oui... vous avez déjà vu ce jeune homme... et de très près... C'est M. Gustave... l'en-

leveur de jolies filles... l'ancien amant d'Amélie...

— Quoi ! Gustave !

— Ah ! dam , il n'a plus sa longue barbe,
ses gants jaunes et son petit air insolent.

— Quelle métamorphose... mais que fait-il
ici ?

— Il est souffleur dans notre troupe...

— Vous me faites marcher de surprise en
surprise...

— Lorsque Gustave eût mangé tout son
bien, il redevint ce qu'il aurait été si le hasard ne
l'eût pas fait naître d'un père avare, industrieux et
qui amassait des écus... il redevint une nullité so-
ciale. Amanda, l'une de nos camarades, la femme
placée à côté de lui, le soutint quelque temps.
Comme elle n'a pas un talent de premier ordre
et que ses charmes commençaient à perdre de
leur fraîcheur, elle arriva à ne plus trouver
d'engagement à Paris et fut obligée de chercher
fortune ailleurs... Elle prit le parti que prennent toutes ces dames lorsqu'elles sont à leur
déclin... elle se rabattit sur l'étranger... Gustave qui n'avait plus de ressources voulut la sui-

vre; elle exigea qu'il fît quelque chose ou du moins qu'il eût l'air de faire quelque chose. Il fut bien heureux de savoir lire et accepta une place de souffleur... On pourrait composer avec cela un livre qui aurait pour titre : *Histoire de la Grandeur et de la Décadence d'un lion.*

— L'infortuné!

— Eh! mon Dieu! son affaire est celle de bien d'autres... quand ces petits messieurs si pimpants et si coquets n'ont pas su se ménager l'amitié de quelque viveur haut placé, qui veut bien se souvenir des orgies qu'il a faites avec eux; quand ils ne deviennent pas sous-préfets, vice-consuls à Tombouctou, gérants d'un journal ministériel ou propriétaires d'une ligne d'omnibus, ils tombent ordinairement dans le ruisseau. Voyez comme Gustave est empressé auprès d'Amanda, comme il fait le petit garçon et l'esclave, et comme la chère fille accueille toutes ses complaisances d'un air souverainement dédaigneux ! dirait-on que c'est le même homme qui autrefois la menaçait de coups de cravache et la grisait de champagne et de rhum pour amuser ses amis! Les rôles sont

changés ! chacun a repris sa place! Elle vaut
mieux que lui et elle a le pied sur sa tête! Je
vous assure qu'elle lui fait chèrement expier
toutes ses gentillesses léonines du temps passé. C'est une revanche. Un autre se serait
brûlé la cervelle. Mais lui n'avait que de l'é-
corce et pas de cœur. Il s'est lâchement soumis
à sa nouvelle condition. Tenez... il vous a reconnu... le voilà qui vous salue humblement.
Ne l'écrasez pas.

Victor rendit son salut à Gustave et avec le
moins d'affectation possible. Chez lui la pitié
avait tout-à-coup fait taire le ressentiment.

— Ce gros Monsieur qui est placé non loin
de Gustave, continua Polydore, ce Monsieur,
dont les doigts sont couverts de bagues et la
poitrine de breloques, ce Monsieur qui parle
d'un ton de maître et assure de temps en temps
son toupet sur sa tête, c'est Maugiron, notre
directeur. Il est né au théâtre, il mourra au
théâtre. Comédien médiocre, il était sifflé par
nos parterres de province. Un heureux hasard
le conduisit, il y a bien des années, à Stoc-
kholm. Depuis cette époque il vit dans le nord

de l'Europe. Il a joué tour-à-tour à Berlin, à
Saint-Pétersbourg, à Vienne, à Hambourg.
Il connaît le terrain et l'exploite avec bonheur.
Il sait comment il faut parler à tous ces grands
seigneurs, il sait jusqu'à quel point on doit
pousser la familiarité dans leur compagnie,
jusqu'à combien de pouces de terre il faut
s'incliner devant eux. A l'étranger, les comédiens français oublient trop facilement leur
dignité et acceptent le rôle de baladins de salon
et de farceurs de société. Maugiron a fait ce
métier et avec assez de succès. Il est connu de
toute cette noblesse allemande et tartare. On l'accueille avec bonté et on favorise les représentations de sa troupe. Quand il rencontre quelque obstacle, il s'adresse aussitôt aux plus
puissants, rappelle à l'un une facétie qu'il a
risquée devant lui, à l'autre une pointe qui jadis
l'a amusé. Au besoin il ferait le saut de carpe
et exécuterait la danse des œufs. Il obtient
tout ce qu'il demande. Les bourguemestres le
redoutent et les grandes dames l'adorent.
Maugiron devrait être très riche; mais il est
tombé dans le même travers que bien d'autres

de nos camarades. La vue du faste l'a ébloui.
A force de vivre avec des grands seigneurs, il
s'est cru un grand seigneur. Il a pris des habitudes princières. Il jette l'argent à tort et à
travers. Monsieur voyage seul dans sa chaise
de poste, Monsieur a un valet de chambre et
deux laquais, Monsieur mène partout grand
train, et si Monsieur a bien voulu dîner avec
nous aujourd'hui à l'auberge des *Trois-Rois*,
c'est par pure condescendance et pour célébrer
notre arrivée à Francfort. Il s'encanaille, et en
arrivant chez lui il se parfumera d'eau de
Cologne. Il parle sans cesse des *têtes couron-*
nées avec lesquelles il a vécu sur le pied le
plus intime. L'empereur de Russie lui a dit
ceci, le roi de Prusse lui a dit cela... L'empereur d'Autriche lui a fait l'honneur de lui
offrir une prise de tabac... Maugiron est un
bonhomme au fond, mais bardé de ridicules,
et d'autant plus amusant qu'il vit avec eux
comme avec de vieux complices et ne prend
pas la peine de les cacher...

— Mais quel est ce convive si bruyant qui
parle de tout et sur tout, et qui jette ses

bons mots d'un bout de la table à l'autre?

— Nous autres acteurs, lorsque nous paraissons quelque part, nous sommes destinés à voir surgir autour de nous toutes les existences irrégulières et nuageuses, qui ont avec notre existence quelque affinité et tendent toujours à attacher leurs atômes crochus aux nôtres...Peintres, soldats, écrivains et commis-voyageurs, tous ceux qui vivent d'une vie insouciante, accidentée, un peu poétique, nous donnent la main... Malgré les occupations toutes commerciales du commis-voyageur, vous savez qu'il a depuis long-temps conquis son titre d'artiste par ses saillies, son amour des excursions lointaines, son amabilité proverbiale, son habi'eté de mise en scène dans les comédies qu'il joue avec le client, son entente du dialogue, enfin son véritable talent d'auteur et d'acteur... Lorsque le bruit de notre arrivée s'est répandu, tout ce qu'il y a ici de commis-voyageurs gracieux et Français est venu s'établir à la table des *Trois-Rois*... Ils se sont installés dans notre intimité, et comme compatriotes et comme artistes... Il y a des Pro-

vençaux, des Parisiens, des Bordelais, des
Flamands et des Picards... Les uns parlent
soierie, les autres vin de Champagne, les autres
pruneaux de Tours, les autres sucre de bette-
rave... Le convive aux bons mots que vous avez
remarqué est un Gascon, M. Adolphe... Pour
ne pas se compromettre, ces messieurs ne nous
livrent que leurs petits noms... Vous avez dû
reconnaître l'origine de M. Adolphe à son
accent. Il est très fort au billard, prétend
connaître tous les acteurs de Paris et même un
peu les actrices, et termine toutes ses phrases
par un calembourg. Il se familiarise très
promptement avec les gens et tape déjà sur
le ventre de notre directeur en l'appelant
papa Maugironne... Ce qui fait dire à celui-ci,
dont les idées sont on ne peut plus aristocra-
tiques, que les Français sont devenus un
peuple grossier, qu'il n'y a plus de savoir-
vivre qu'entre la Sprée et la Newa, et que la
révolution nous a perdus...

— Et plus loin... ce jeune homme aux manières distinguées et froides?

— C'est un officier prussien... M. le comte de

Botzel, neveu de l'un des diplomates les plus
influents de la Diète. Nos actrices attirent
ces papillons-là. M. de Botzel, qui nous a
déjà rencontrés à Bade, paraît fort épris des
charmes de cette petite dame, du côté de laquelle il jette de temps en temps un regard lan-
goureux et qui lui tient rigueur. C'est notre
soubrette, Mademoiselle Phylis. Elle a laissé
son cœur en France et gémit toute la journée.
Mais je suis convaincu qu'elle finira par se
consoler.

La conversation était un véritable tohu-bohu.

— Sa Majesté l'empereur Nicolas, me faisait
l'honneur de me dire un jour...

— Eh bé!... vraiment il vous a dit céla!
papa Maugironne, s'écriait Adolphe en tapant
sur le ventre du directeur.

— Mais laissez donc... ça me fait mal... et
puis c'est d'un genre détestable.....

— Tant mieux... si cé genré est *d'été* et
stablé, il né vous affligéra pas en hiver... papa
Maugironne...

— Oh! mauvais... mauvais! s'écria-t-on de
toutes parts.

— Sa Majesté l'empereur Nicolas me faisait l'honneur de me dire un jour...

— Chassûr diligent
Quelle ardûr té dévoré...

— Sa Majesté l'empereur Nicolas...

— En chûr, les amis, et les couteaux sur la tablé... Charivari à papa Maugironne... Tin... tin... tin... tin... tin.

. . . .

— J'ai vendu aujourd'hui mes trois six.

— La place est bonne...

— Et tes gros de Naples?

— Enfoncés, mon cher...

. . . .

— Que donne-t-on demain?

— *Michel et Christine* et *le Joueur.*

— Sais-tu ton rôle, Phylis?

— Pas encore, j'ai passé la nuit à pleurer.

— Bête...

. . . .

— Où en est l'emprunt romain?

— Il s'est tenu...

— Et les fonds de Naples?

— Fermes...

— Le patron va lâcher les Portugais...

— Et il fera bien...

. . . .

— Laffemas, passe-moi une poire... ça éclaircit la voix, et j'ai besoin de mes moyens pour le spectacle de demain...

— Tiens... c'est la dernière...

— As-tu reçu des nouvelles de ta femme?

— Elle entre aux Folies dramatiques comme prima donna:

— Il fallait la garder...

— Quoi... ma femme ou la poire?...

— Nous l'aurions partagée...

— Partager une femme!

— Eh non... la poire!

. . . .

— Sa Majesté l'empereur d'Autriche me faisait l'honneur de me dire un jour...

— Dans lé servicé dé l'Autriche
Lé militaire n'est pas riché
Chacun sait ça...

— Maugironne, mon ami...

> — A la façon dé Barbari,
> Mon ami!

— Mais c'est insupportable... car enfin je ne vous connais pas, Monsieur...

— Ah! ah! papa Maugironne... nous nous fàchons...

— Mais finissez donc, et ne me tapez donc pas comme ça sur le ventre... Vous êtes un drôle...

— Un drôlé dé corps, jé lé sais...

— Et si je ne me retenais...

> — Chassûr diligent
> Quelle ardeur té dévoré.

Charivari pour le père Maugironne... tin, tin, tin, tin, tin, tin, tin...

. . . .

Victor fatigué de tout ce bruit, de tout ce bavardage inutile, allait se retirer, lorsqu'il entendit tout à coup le comte de Botzel prononcer le nom de Paula. Il prêta l'oreille.

— Oui, disait le comte à l'un de ses amis... on m'a assuré qu'elle s'appelle Paula.., elle ha-

bite dans ce moment avec mon oncle le château
de Minden... J'éclaircirai ce mystère.

Victor se leva vivement et entraîna Polydore
avec lui.

— Connaissez-vous assez intimement le
comte de Botzel pour me procurer l'occasion
de me trouver dans sa compagnie ?

— Que lui voulez-vous ?

— J'ai besoin d'obtenir de lui et sans qu'il
s'en doute quelques lumières sur un sujet qui
m'intéresse beaucoup..... Quel moyen employer ?

— Donnez-moi quelques jours.

— Pas un seul...

— Je l'inviterai à déjeûner demain matin...

— Avec Phylis ?

— C'est une idée...

— Vous êtes toujours mon sauveur.

XX

Le Comte de Bôtzel.

Polydore présenta Victor au Comte comme
un littérateur français qui désirait connaître
les sommités de tous les pays qu'il parcourait.
Le nom de notre héros était déjà venu jusqu'à
Berlin, et M. de Botzel, flatté de la distinction,
lui fit les politesses les plus gracieuses; puis
il promena de tous côtés un coup-d'œil inquiet: presque tous les camarades de Polydore
avaient répondu à son invitation. Phylis n'a-
vait point encore paru. Laffemas prétendit
qu'elle était occupée à penser à son amant de
Paris; Amanda ajouta méchamment qu'elle

était plutôt occupée à l'oublier. Amanda avait raison. Phylis, qui depuis le premier jour du voyage s'était fort négligée et avait eu quelque ressemblance avec la veuve du Malabar, donnait enfin une heure ou deux à sa toilette. Elle commençait à se consoler.

Victor profita de l'absence de Phylis pour s'isoler un instant avec le Comte. Il avait pris ses renseignements. L'oncle de M. de Botzel s'appelait M. le duc de Minden et était l'esprit le plus éminent, la principale influence de la diplomatie prussienne. Victor témoigna à M. de Botzel le désir qu'il avait d'être présenté à son illustre parent.

—Vous ne pouviez choisir, Monsieur, lui répondit le comte, un plus mauvais patronage que le mien... je suis avec mon oncle dans des termes déplorables.

— Cependant il n'a pas, m'a-t-on dit, d'autre héritier que vous...

— Oui... je devais être son héritier... longtemps je l'ai espéré... mais je crains bien d'avoir long-temps vécu sur une chimère...

— Il est vrai qu'on m'a parlé d'une liaison
récente...

— Je ne sais pas de quelle nature elle est;
mais elle me paraît menacer mon avenir.

— Et vous n'avez aucun détail ?

— Si fait... quelques données vagues. Mon
oncle vient de passer deux ans à Paris ; à son retour il était accompagné d'une jeune femme, qui
est restée enveloppée du plus profond mystère...
Elle n'est point entrée à Francfort et s'est dirigée
sur le château de Minden après avoir eu à l'une
des portes de la ville une conversation de quelques instants avec le Duc... Le château de Minden est situé dans une île au milieu du Rhin,
et mon oncle qui est d'un caractère un peu
sauvage et qui aime à vivre seul, n'y recevait
presque jamais personne... Depuis l'arrivée de
cette femme les visites ont tout-à-fait cessé.
Un domestique que j'ai fait jaser m'a dit qu'il
l'avait un jour aperçue à la dérobée et qu'elle
est fort jolie, pleine de distinction et de grâce ;
mais on la voit fort peu, elle vit tout-à-fait retirée dans ses appartements, et lorsqu'elle fait

quelque excursion dans les environs, elle cache ses traits comme si elle craignait que l'on n'y surprît la trace de la honte ou du remords. Mon oncle l'appelle Paula, et on ne la connaît pas sous d'autre nom.

— Paula !

— Mon oncle a passé toute sa vie en compagnie de la passion la plus sèche et la plus absorbante de toutes, l'ambition. Pauvre et sans naissance, il était à la fin du siècle dernier pasteur d'un petit hameau de la Basse-Saxe. Lorsque les troubles révolutionnaires éclatèrent en France et que la commotion se fit sentir jusqu'en Allemagne, il envoya à un journal de Cologne des articles dans le sens des innovations. Ces écrits eurent un retentissement immense ; les gouvernements allemands, effrayés de l'orage qui grondait sur leur tête, cherchèrent à rallier toutes leurs forces. Mon oncle fut séduit par de grandes promesses et détaché de la cause qu'il avait embrassée ; il devint le publiciste en titre du cabinet de Berlin, auquel il rendit pendant toute la crise des services inappréciables ; tantôt en-

voyé en mission secrète, tantôt employé à
écrire contre Napoléon des pamphlets san-
glants, tantôt désavoué, tantôt récompensé,
mais toujours soutenu. 1815 paya sa haine
contre les Français et contre votre empereur. Il fut envoyé au congrès de Vienne
avec un titre. Depuis cette époque, il n'a songé
qu'à augmenter sa fortune politique et il est
arrivé au faîte des honneurs. Tels sont les soins
qui ont occupé toute sa vie. On ne lui a jamais
connu d'autre sentiment que la soif des gran-
deurs. Toujours isolé, sombre, taciturne, il n'a
jamais eu d'amis, jamais de compagne ; aucune passion tendre n'a eu de prise sur cette
âme de bronze. Le monde ne l'a vu que dans
les moments solennels où il accomplissait ses
devoirs ; il passait toutes ses journées enfermé
dans son cabinet entre ses papiers et ses livres ; sa figure était impassible comme le parchemin d'un protocole, et Dieu en le créant
semblait avoir oublié de lui donner un cœur.
Je suis son unique parent, le fils de sa sœur ;
il m'a recueilli tout enfant... eh bien ! jamais
il n'a eu avec moi un seul moment d'effusion,

jamais il ne m'a pressé dans ses bras; je l'ai
toujours trouvé de marbre et de glace. Pour
quelques peccadilles de jeunesse, il m'a retiré
ce qu'il appelait son amitié et m'a interdit sa
présence. Ce n'était qu'un prétexte; il était
fatigué d'avoir sans cesse devant les yeux un
être pour lequel il était obligé de feindre une
tendresse qu'il ne pouvait éprouver. Cette situation contrariait sa nature, était une gêne
pour lui. Aussi, quel étonnement n'ai-je
pas éprouvé lorsque j'ai appris qu'il aimait
quelqu'un, lui qui n'a jamais rien aimé! Les
femmes de votre pays sont bien séduisantes,
Monsieur, mais il faut que celle qui a fait tres-
saillir la chair sous cette enveloppe de crocodile,
ait eu quelque philtre en sa possession! ou plutôt ce philtre était deux beaux yeux, une grande
jeunesse, un foyer d'amour au contact duquel
s'est éveillé cette nature morte et appauvrie.
Les Parisiennes ont tant de grâces naturelles,
une désinvolture si piquante et si vive! A Paris, la moindre grisette vaut mieux que nos
grandes dames; elle a pour exciter les appétits
des sens je ne sais quel entrain d'allure, je ne

sais quelle coquetterie franche, spirituelle et
de premier jet, qui la rend mille fois plus jolie encore. Ah! c'est surtout pour nous autres étrangers que ces syrènes ont des attraits
irrésistibles. Il y a eu des exemples de grandes passions russes, prussiennes et suédoises,
qui avaient pour origine une promenade dans
la rue Saint-Denis, ou une excursion à Mont-
morency, — et plusieurs ont fini par un bon
mariage ; — à Dieu ne plaise que je croie que
les choses en viendront là ! Mais enfin quand
un homme sent pour la première fois fondre la
glace de son cœur à l'âge de soixante ans, il
conserve bien peu de force contre l'Armide qui
l'a pris dans ses filets. Elle est sa reine, sa
maîtresse, sa dominatrice! Pourrait-il résister?
Il a contre lui la beauté, la jeunesse, l'esprit...
et il n'a à opposer à ce formidable corps d'armée que des cheveux blancs, un corps voûté
et des facultés éteintes. Tristes auxiliaires!
Hélas! hélas! mon héritage court de grands
risques !

Depuis long-temps Victor n'écoutait plus
son interlocuteur ; il arrangeait dans sa tête

son départ immédiat de Francfort et cherchait les moyens de pénétrer dans le château de Minden. Dès qu'il pût s'esquiver sans être remarqué, il sortit et se hâta de rentrer à son hôtel.

La fin du déjeuner fut très gaie, et Polydore en fit les honneurs avec une verve très amusante. M. Adolphe, qui avait été tout intrigué de ne pas trouver les comédiens à leur écot ordinaire, s'était fait indiquer le local où ils festoyaient et s'était montré tout à coup au milieu du banquet avec un panier de vin de Champagne sous chaque bras et un calembourg à la bouche. Il fut salué par plusieurs hourras. Maugiron voulut raconter ses conversations avec plusieurs empereurs et autant de rois. On ne lui laissa pas achever une seule de ses phrases. L'Ingénuité chanta un petit refrain égrillard et le père-noble roula sous la table.

Le comte de Botzel réussit-il auprès de la soubrette?

Ses affaires marchaient très bien, et je crois que mademoiselle Phylis avait accepté son bras pour aller faire un tour sur les remparts, lorsqu'elle reçut une lettre de France.

Cette lettre était de son amant, cornet à piston du théâtre des Variétés. En la lisant, elle se mit à fondre en larmes, et il n'y eût plus moyen de l'aborder de la journée.

Polydore avertit charitablement le comte de Botzel, qu'après chaque missive de ce genre Phylis en avait au moins pour quinze jours à pleurer. Le comte n'eut pas la patience d'attendre jusque là. Et puis il fit probablement cette réflexion que si le Cornet à piston écrivait souvent, ses rapports avec la soubrette seraient insoutenables.

Il battit en retraite.

Le Cornet à piston fut sauvé pour cette fois!

Pauvre Cornet à piston!

XXI

Amélie.

— Allons... mon vieux Lantoine... nous allons partir !

— Tant mieux... je me sens tout fringant...

— Qu'est-ce que tu faisais donc là ?

— Je renouvelais connaissance avec un camarade...

— Tu as des camarades d'une singulière espèce...

— Le vin du Rhin!... il n'y en a pas sur la terre de meilleur et de plus fidèle... Il y a bien long-temps que je ne lui avais dit deux mots... et ça fait plaisir de retrouver un ancien ami! je l'ai parfaitement reconnu à sa couleur vermeille et à son petit air crâne; il n'a pas été fier avec moi, et nous comptons bien nous revoir quelques fois.

— Lantoine, il faut être sage.

—Bah! un regain de jeunesse! J'ai encore le coffre solide, je cours dans ce moment-ci une bordée... quand je serai de retour à la caserne, il sera bien temps de mettre de l'eau dans ma portion de jus de raisin. Le général Vendamme nous disait souvent : « Mes lapins; quand vous êtes en maraude, vous pouvez lâcher les écluses, mais sous le drapeau il faut se serrer le ventre. » C'est lui qui nous disait encore...

— Mon camarade...

— Un dernier mot... c'est lui qui nous disait encore : « Un bon grenadier, c'est comme une paire de souliers... ça ne doit durer que deux mois. »

— Fais nos malles...

— Me voici à l'ordre... et où allons-nous?

— A Coblentz.

— Coblentz... connu... encore connu... autrefois département français de je ne sais

plus quoi, et où il y avait un préfet choisi de
notre main. Sous l'une et indivisible j'ai
pas mal frotté de ce côté là les sujets de sa
majesté le roi de Prusse, avec accompagnement
des émigrés... va pour Coblentz ! J'ai été
blessé d'un coup de sabre de hulan sur la
grande place, au coin de la première rue à
gauche... j'irai voir l'endroit...

— Partons.

— Et du bon pied.

La porte s'ouvrit tout à coup au moment ou
l'invalide mettait la main sur le bouton, et Vulpinien tomba dans les bras de Victor.

— Polydore m'a dit que vous étiez ici, mon
cher, et je me suis empressé de venir vous
faire une petite visite : des compatriotes se re-
voient avec tant de plaisir sur la terre étrangère !
J'ai fait jadis un très joli couplet là-dessus.

— Pardon...cher ami...mais je suis très pressé.

— Oui... nous sommes pressés, ajouta Lantoine...

— h ! quoi... ces malles... ces paquets !..
vous partez...

— Oui.

—Pour retourner en France? Justement j'ai des lettres à l'adresse de plusieurs directeurs ; ils profitent de mon absence pour ne pas jouer mes pièces... les maladroits !

— Je ne retourne pas en France.

— Ah ! vous prolongez votre voyage ! le fait est que c'est charmant... moi qui n'avais vu la Suisse qu'au théâtre du Vaudeville, dans *Kettly*, et la Russie qu'au Cirque Olympique, j'ai éprouvé le besoin de chercher les sensations du touriste ; j'y trouve profit en même temps que plaisir. Il faut du neuf au théâtre. L'Espagne est un peu usée, le grivois se fane sur pied ; je vais attaquer l'Allemagne, je vais inaugurer le vaudeville Allemand, et je viens chercher ici de la couleur locale... je chargerai ma palette de couleur locale. Le pays est légèrement sentimental ; tant mieux ! Rien ne fait mieux maintenant dans un vaudeville qu'une petite pointe de sentiment ; on aime à pleurer en cadence... *Tra la la la... quel est donc cet air !... Tra la la la.*

— Mon cher Vulpinien, vous permettez...

— Ah ! dites donc.. j'ai une nouvelle à vous

apprendre... Je vous donne en cent à deviner avec quelle personne j'ai fait la route depuis Paris...

— Cela ne me regarde pas... et...

— Au contraire... cela vous regarde beaucoup... car vous la connaissez...

— Mais encore.

— Cet homme est un vrai paquet de glu, dit tout bas l'invalide.

— C'est une jeune déité qne vous avez enlevée au théâtre et aux hommages de ses admirateurs, Lovelace !

— Amélie ?

— Amélie elle-même.

— Et elle est ici ?

— Ma foi ! je n'en sais rien ; je l'ai trouvée dans le coupé à mon départ de Paris, j'ai cherché à consoler cette Ariane abandonnée, et comme elle ne me répondait rien, je me croyais en très bonne route... vous savez le proverbe... qui ne dit mot...

— Enfin !

— Elle s'est arrêtée deux ou trois jours à Strasbourg... je me suis arrêté idem... je me

croyais en bonne fortune... puis tout à coup
aux portes de Strasbourg, elle s'est envolée
comme une fauvette inconstante, et s'est absolument dérobée à mes regards...

— Ah! ça Lantoine, tu as donc dit à Amélie
de quel côté j'avais dirigé mes pas ?

— Pas tout à fait... mais j'ai peut-être bien
bavardé un peu... les femmes ont une si drôle
de manière de vous entortiller...

— Enfin tu as parlé ?

— Un peu... seulement un peu... ces sata-
nées femmes, c'est comme le vin du Rhin, ça
pousse à la conversation...

— Très joli... très joli... s'écria Vulpinien !
Je mettrai ça dans mon prochain vaudeville.

— Après ça... je n'ai dit que ce que je savais... et comme je ne savais pas grand chose...

— C'est égal... tu as fait là une grande maladresse...

— Oh! rassurez-vous, mon cher, dit Vulpinien... Rien n'est fugitif comme les amours de
coulisse... Amélie paraissait fort calme... elle

avait probablement pris son parti... peut-être allait-elle à Saint-Pétersbourg? Justement au moment où je quittais la France, l'agent des théâtres impériaux était à Paris, où il recrutrait de jeunes et jolies actrices... Amélie se sera laissé enrôler... n'a-t-elle pas besoin de distraction?

> Après le léger papillon,
> Rien n'est plus léger que la femme!

— Cette pauvre Amélie, dit tout bas Victor... j'ai dû lui faire bien de la peine... ce n'est pas sa faute si elle n'est pas la première en date.... mais je ne pouvais résister à la destinée qui m'entraîne... les événements sont nos maîtres... c'est égal... je ne l'oublierai jamais... je lui dois de la reconnaissance et je lui prouverai que je ne suis pas un ingrat! oui, tout le bien que je pourrai lui faire...

— Qu'est-ce que vous avez donc là à marmotter tout bas, reprit Vulpinien? Je parie que vous avez vu dans votre aventure avec Amélie un sujet de vaudeville, et que vous faites déjà le *scenario*... Oui... oui... c'est pos-

sible... *le Départ impromptu*... *le Désespoir
d'une Danseuse*... avec un boyard bien ridicule... ou un Allemand renforcé... si vous
voulez, nous ferons cela ensemble. Il ne faut
jamais laisser échapper ces bonnes fortunes
là... les sujets sont si rares... et si l'on ne ra-
chetait pas quelquefois la pauvreté du fond
par la grâce des détails... Ah! une idée qui
me pousse! Je n'ai rien qui me retienne... Si vous
voulez encore, je vais partir avec vous... nous
travaillerons en marchant... nous trouverons
la pointe d'un couplet au détour d'un bois et
un dénoûment au sommet de quelque monta-
gne... Ce sera délicieux...

— Je suis désolé de ne pouvoir accepter votre offre... mais une affaire de la plus haute importance exige que je sois seul.

— Quelque amourette... allons... je vous
laisse... nous nous reverrons à Paris... Mais ne
courez donc pas comme ça... vous allez vous
casser une jambe! Il est fou; il me laisse seul
dans cette chambre! Si je n'avais pas mon
passeport sur moi, on pourrait fort bien me
prendre pour un voleur... tiens... il y a peut-

être une pièce à faire là-dessus. La *Chambre d'auberge...* le *Voleur supposé...* le *Touriste dans l'embarras...* En rentrant chez moi, je vais jeter un scenario sur le papier... *Tra la la la, quel est donc cet air ?*

XXII

La Boutique du Tailleur.

— Metternich...

— Pellotte...

— Habillez-vous...

— Oui... Pellotte...

— Vous irez à l'hôtel-de-ville où M. le bourguemestre a une communication à faire aux notables.

— Oui... Pellotte...

— Il paraît que l'on redoute quelques troubles politiques... Ces malheureux révolutionnaires ne nous laisseront donc pas tranquilles....

— Mais pourquoi ne m'afez fous pas dit hier qu'il y afait une reïnion auchourd'hui.

— Hier, je ne le savais pas... M. le secrétaire du bourguemestre vient de me le dire ce matin...

— Chai cependant une commande à lifrer...

— Je donnerai des ordres aux garçons...

— Ce monsieur Frimann, le sécretaire du Pourquemestre, afait pien pesoin de fenir ici...

— Seriez-vous jaloux, Metternich?...

— Oh! non... Pellotte... Oh! non... mais che n'aime pas la politique... qu'ils s'arranchent comme ils foudront!...

— Quel égoïsme! Quand M. Frimann se donne le plus grand mal pour préserver nos boutiques du pillage et de la dévastation!

— C'est un faiseur d'emparras...

— Metternich... ne dites jamais la plus petite chose sur le compte de l'autorité... je vous ai appris à la respecter...

— C'est pon... Pellotte... c'est pon...

— Attaquer M. Frimann... un homme qui nous a rendu tant de services... mais ayez donc

un peu de mémoire... dans une excursion que
je fis du château de Minden ici, à Coblentz, je
vous trouvai installé dans une petite boutique
de tailleur... à ma vue, vous prîtes la fuite...
vous vouliez m'échapper... échapper à votre
bonheur!.. M. Frimann, que j'avais déjà vu plusieurs fois, eut la bonté de mettre la loi à ma
disposition et je m'emparai de vous ; grâce
aux libéralités prodigieuses de M. le duc de
Minden, nous avons pu donner une grande ex-
tension à notre commerce... vous fournissez
toute la province... nos affaires vont bien...
nous comptons parmi les bourgeois les plus
huppés de la ville. Déjà j'y donne le ton... et
quel ton ! Ces Allemandes ne savaient même
pas s'habiller. Si vous voulez bien vous laisser
faire , dans trois ans vous serez nommé
bourguemestre... M. Frimann m'aidera... que
voulez-vous de plus?

— Rien... Pellotte... rien... répondit tristement le tailleur...

— Allons... rendez-vous à l'hôtel-de-ville...
ayez soin de faire un mouvement d'indignation
quand M. le bourguemestre lancera leur paquet

aux brouillons et aux faiseurs d'émeutes... Placez-vous à côté de M. Frimann... et ayez pour lui les plus grands égards. Engagez-vous à faire le service de nuit dans la garde bourgeoise et à illuminer votre maison depuis le haut jusques en bas... Revenez le plus tôt possible et surtout ne vous arrêtez pas à la brasserie où vous ne rencontrez que des mauvais sujets qui vous donnent de très mauvais conseils... soyez sage... je vous attends...

— Oui... Pellotte...

Et le pauvre Metternich s'en alla tête basse.

La veuve Saint-Brice, ou plutôt madame Metternich, méchante, bavarde, intrigante, audacieuse, expérimentée et riche, avait pris une grande influence dans la bourgeoisie féminine de Coblentz. On se réunissait chez elle pour connaître la chronique de la veille et faire celle du lendemain. Elle avait déjà brouillé plusieurs ménages et on la redoutait ; elle était à cheval sur les mœurs et les bons principes. Elle avait toujours le mot de vertu à la bouche et détournait la tête quand elle voyait passer une

femme dont la conduite était tant soit peu
équivoque.

C'était l'heure où se tenait ordinairement
dans l'arrière-boutique du tailleur Metternich
le club en jupons qui gouvernait la ville. On y
trouvait madame Verner, femme du bourguemestre ; madame Palmann, femme du plus gros
fabricant de bière de la ville ; madame Fritzlau, femme de l'orfèvre en vogue ; enfin tout
ce que la bourgeoisie de Coblentz comptait de
notabilités dans la plus belle moitié du genre
humain. L'amour de la vérité me force à dire
qu'il y avait plus de vieilles femmes que de
jeunes ; celles-ci prenaient humblement place
derrière leurs doyennes.

Madame Metternich s'assit gravement sur
le siége de la présidence, — un fauteuil de velours vert, rehaussé de crépines d'argent, — et
ouvrit la séance.

— Eh bien ! mesdames… qu'y a-t-il de nouveau ?

— Psesque rien, dit madame Verner.

— Comment… presque rien… reprit la
Fritzlau… mon mari ne m'a-t-il pas dit qu'hier,

étant de patrouille, il avait vu, vers minuit, un homme couvert d'un manteau noir sortir de la maison du banquier Furens?

— Un homme couvert d'un manteau noir! s'écria madame Metternich... ce doit être le major Bornsen.

— Cependant mon mari prétend qu'il n'était pas tout-à-fait aussi grand.

— C'est égal... ce doit être lui... vous savez que mes pressentiments me trompent rarement. Et, d'ailleurs, madame Furens n'a-t-elle pas refusé de faire partie de notre société? elle est coupable. J'ai de l'expérience, mesdames... madame Furens doit être punie; la cause des mœurs demande une éclatante réparation... Vous aurez soin de répandre par la ville que le major Bornsen, couvert d'un manteau noir, sortait de chez madame Furens entre onze heures et minuit. Tel est l'arrêt que je porte.

— Adopté.

— Que dit-on encore?

— On dit, reprit madame Palmann, que le jeune Anglais blond et rose qui est arrivé, il y a deux mois, par le bateau à vapeur, et qui devait

partir de suite , reste bien long-temps à l'hôtel
de l'Europe... On suppose que madame Launer, la fringante hôtelière, est pour quelque
chose dans ce retard.

— Il ne peut y avoir de doute, dit la veuve... Madame Launer aime l'Anglais, vous
pouvez m'en croire... J'ai de l'expérience...
Madame Launer n'a jamais daigné répondre
à mes avances : elle craignait le contraste de
mes bons exemples... Madame Launer est une
femme perdue... Qu'on se le dise.

— Mais il est de notoriété publique, que
l'Anglais qui se rendait à l'Université de Bonn,
a été retenu par une maladie assez grave
et dont il est à peine relevé.

— Qui est-ce qui a parlé?

— C'est madame Stopfmann, dit la Fritzlau.

Madame Stopfmann, récemment mariée à
un marchand de draps, était la plus jeune femme de la réunion : elle y avait été entraînée
par sa tante, madame Verner. Elle était placée
au second rang, n'écoutait qu'avec une sorte
de répugnance les méchancetés qui se débi-
taient sous la présidence de la Metternich, et

c'est à peine si sa voix timide avait pu se faire entendre jusqu'au milieu du cercle.

— Vous êtes encore bien novice, ma chère madame Stopfmann, se hâta de dire la veuve; on voit bien que vous n'êtes pas initiée aux ruses et aux malices du monde : vous écoutez avec confiance toutes les sornettes que l'on veut bien vous débiter. Prenez garde... prenez garde, il en cuit quelquefois d'être trop bonne, et il faut toujours se tenir sur la défensive.

— Bravo ! bravo !

— Ah ! à propos, ma chère petite madame Stopfmann, votre mari continue-t-il toujours à rentrer aussi tard ?

— Hélas ! oui.

— Et à faire des voyages de deux ou trois jours, auxquels il donne ses affaires pour prétexte?

— Hélas! oui.

— Et à vous négliger tout-à-fait, en disant qu'il passe ses journées à la Bourse et une partie de ses nuits à faire ses comptes dans son magasin?

— Hélas ! oui.

— Veillez sur lui; il a eu une jeunesse fort dégourdie. Il se pourrait bien qu'il eût conservé quelques relations avec la Jangdor, cette comédienne pour laquelle il a fait tant de folies.

— Ah! si je le savais, je me tuerais, s'écria la jolie Stopfmann avec l'expression calme, mais énergique, d'un désespoir tout allemand.

— Se tuer, répondit la veuve! ah bien, en voilà de la besogne! Mais je me serais donc tuée plus de cinquante fois, moi, avec ce Metternich, qui m'a rendue la plus malheureuse des femmes?

— La plus malheureuse des femmes! Vraiment! dit la Fritzlau d'un air étonné.

— La plus malheureuse des femmes! On ne se tue pas; on met ces messieurs au pas. Voyez comme mon Metternich est maintenant bien dressé : il n'ose pas lever les yeux devant moi, et je sais tout ce qu'il fait. Il faut qu'il vienne à l'ordre tous les soirs, et qu'il me *défile* sa petite confession. Et s'il commettait le moindre mensonge, jour de Dieu!

— Metternich est un ange, dit la Verner.

— Et il a été un démon.

— Il faut que je fasse arriver Verner à ce point de perfection.

— Je crois cependant, dit la Palmann, que M. Metternich a encore un défaut.

— Lequel?

— Il revient quelquefois de la brasserie dans un état...

— C'est un reste de mauvaises habitudes; je l'en corrigerai. Paris ne s'est pas fait dans un jour.

— Bravo! bravo!

— Ayez l'obligeance, ma chère petite madame Stopfmann, dit la veuve, de venir ce soir causer avec moi en particulier. Je vous donnerai d'excellents conseils pour remettre l'ordre dans votre ménage. Je ne doute pas qu'au bout de quelques mois votre monstre ne revienne à de meilleurs principes, ou ne vous console par une séparation.

— Une séparation!

— Oui ma petite; le remède est souverain. Croyez-moi, j'ai de l'expérience.

C'est ainsi que madame Metternich faisait la

police conjugale de la ville de Coblentz. Jetée par le hasard au milieu de toutes ces bonnes Prussiennes qui confectionnaient tranquillement des confitures et distribuaient des tartines à leurs enfants, comme la Charlotte de Werther, elle leur avait donné des soucis qu'elles neconnaissaient pas. Son esprit inquiet avait besoin d'aliments; elle en avait trouvé. Elle s'était livrée à cette nouvelle besogne avec toute l'ardeur d'une femme vieille, hargneuse, et habituée à l'agitation de la vie de coulisses. Elle faisait ses preuves sur une nouvelle scène, et y déployait toutes ses méchantes qualités. Grâce à elle, la ville était en révolution. Les maris la donnaient à tous les diables, et ne reconnaissaient plus leur intérieur allemand.

Tel est l'effet qu'avait produit dans une grosse et paisible ville des bords du Rhin l'arrivée d'une mère-d'actrice française, retirée des affaires et devenue vertueuse.

Les matières à l'ordre du jour étaient épuisées, et la vénérable présidente allait lever la séance, lorsque Frimann montra le nez à la porte,

. — Ah! M. Frimann, s'écria la veuve avec une expression de plaisir!

M. Frimann avait l'air tout effaré et la perruque de travers.

— Un événement, s'écria-t-il d'une voix mystérieuse!

— Oh! qu'est-ce donc? Qu'est-ce donc?

— Un grand événement! Et avant de prendre un parti, avant de faire mon rapport au bourguemestre, je viens ici chercher un conseil; car, vous le savez, madame Metternich, c'est toujours dans votre esprit que je puise des inspirations pour les circonstances graves.

— Je le sais, répondit la veuve en lui jetant un regard de reconnaissance.

— Les femmes ont une sagesse si délicate et si profonde!

— Ce bon M. Frimann, s'écrièrent toutes ces dames.

— J'ai toujours été l'un des admirateurs les plus passionnés du beau sexe.

— Mais alors, pourquoi ne vous êtes-vous jamais marié? dit madame Stopfmann avec malice.

— Eh bien, répondit Frimann ? tout justement à cause de mon admiration effrénée pour
les femmes.

Quelques-unes de ces dames sourirent ;
d'autres rougirent beaucoup. M. Frimann passait pour avoir été un séducteur, et il était encore frétillant et corsé comme un vieux céliba-
taire qui a des prétentions.

La veuve était mécontente de l'effet produit
par Frimann. Elle le pinça très vigoureusement
et dit d'un ton de mauvaise humeur :

— Voyons... quel est cet événement, monsieur Frimann ? est-ce que vous allez long-temps
rester là dans la position d'un coq sur une
seule patte ?

— M'y voici. Vous savez dans quelles transes
politiques nous vivons. L'incendie qui dévore
la France peut à tout moment franchir la
frontière et gagner nos contrées. Nous sommes
obligés d'établir un cordon sanitaire pour empêcher que les anarchistes ne pénètrent jusqu'à
nous... des hommes affreux, épouvantables, qui
ont toujours les bras nus et un bonnet rouge
sur la tête.

L'assemblée poussa un cri d'horreur.

— Madame Metternich peut vous en dire des nouvelles ; elles les a vus de près.

— Vous n'avez pas d'idée de ça, mes chères dames... des malheureux qui n'ont pas de quoi dîner tous les jours chez Véfour, qui ne vont jamais aux avant-scènes, et qui sont jaloux des seigneurs et des femmes honnêtes dans mon genre... De véritables chacals... J'en frémis encore.

L'assemblée poussa un nouveau cri d'horreur.

— Nous avons appris, continua Frimann, que les révolutionnaires français nous préparaient quelque tour de leur façon. Ils veulent absolument revenir dans les provinces Rhénanes, et nous sommes si heureux d'être Prussiens !..

Quelques opposantes firent la grimace ; mais elles reprirent aussitôt une physionomie riante de peur de se compromettre.

La veuve avait remarqué ce mouvement ; elle se hâta de protester contre cette tendance séditieuse, et s'écria avec l'enthousiasme le plus vif :

— Oui, nous sommes heureux d'être Prussiens. Pour ma part, j'ai toujours chéri les étrangers, Russes, Anglais, Saxons, Turcs ou Wurtembergeois. J'ai aimé tout le monde, excepté les Français. Ils n'ont pas la moindre générosité dans leurs rapports avec le sexe le plus aimable. Mais les Prussiens, les Prussiens, je les ai toujours portés dans mon cœur... Vive le roi de Prusse!

. — Madame, dit Frimann en ôtant sa perruque qu'il prit pour son chapeau, je vous remercie, au nom de mon souverain, de ce témoignage de dévouement.

— Continuez votre histoire et remettez votre perruque, vous n'êtes pas beau comme ça.

Frimann remit sa perruque et continua :

— Monsieur le bourguemestre a reçu l'ordre d'exercer la plus grande surveillance!

— Comme monsieur le bourguemestre aura raison d'exécuter cet ordre-là! Il pourrait venir ici quelques-uns de ces malotrus de Paris qui ne savent rien respecter, et qui vous traitent

la femme la plus comme il faut comme la dernière des dernières.

— Eh bien, tout-à-l'heure, en faisant ma
ronde, continua Frimann, je viens d'apprendre
qu'hier, à la tombée de la nuit, étaient arrivés
à l'auberge du Cerf d'or dix à douze voyageurs
qui n'ont pas encore porté leurs passeports à
la police.

— Dix à douze!

— Et ces voyageurs sont Français.

— Grand Dieu !

— Et la servante du *Cerf d'or* m'a affirmé
qu'ils avaient tous des figures atroces, qu'ils
chantaient la *Marseillaise* sur différents airs,
et que leurs malles étaient pleines de déguise-
ments.

— C'est épouvantable !

— Vous comprenez bien que lorsqu'un ren-
seignement d'une nature si alarmante est parvenu entre mes mains, j'en ai compris toute
la gravité ; je me suis hâté d'accourir ici. Que
faut-il faire ?

— Frimann, Frimann, s'écria vivement la
veuve, profitez de cette occasion pour avoir

de l'avancement; ne laissez pas cette bonne fortune à d'autres. Il ne faut dénoncer le complot qu'après avoir dévoilé ces conspirateurs. Prenez avec vous quelques bourgeois discrets et dévoués à la bonne cause, Fritzlau, Palmann, Burner; allez à l'auberge du *Cerf d'or*, interrogez les coupables, traînez-les à l'Hôtel-de-Ville! C'est là que la récompense vous attend.

— J'y vole, femme incomparable, hurla Frimann, dont l'enthousiasme était dans ce moment difficile à décrire; et à mon retour, je partagerai avec vous ma couronne!

Frimann arriva à l'auberge du *Cerf d'or*, escorté de plusieurs membres de la garde bourgeoise qu'il avait été recruter à la hâte, et qu'il avait forcés à s'armer de toutes pièces Il se fit indiquer la chambre où, dans ce moment, étaient réunis tous les inconnus... Et là, quel spectacle frappa sa vue! Plusieurs hommes étaient occupés à essayer des vêtements de toutes les formes et de toutes les époques : les uns étaient en Turcs, les autres en Romains. Celui-ci portait l'habit d'un soldat de la vieille garde, celui-là la cuirasse d'un chevalier du moyen-âge. L'un de ces hommes, armé d'une épée, criait et gesticulait au milieu de l'appartement; des poignards, des sabres et des haches gisaient çà et là sur le plancher!

Frimannn et ses acolytes reculèrent d'horreur! peu s'en fallut qu'ils ne prissent la fuite. Mais le secrétaire du bourguemestre sentit tout ce qu'une pareille déroute ferait rejaillir de honte sur son front : il reprit son sang-froid, fit serrer les rangs à sa troupe et entra dans la caverne.

— Misérables! rendez-vous, cria-t-il d'une voix de stentor; la police a l'œil sur vos atroces machinations politiques.

Les inconnus jetèrent sur lui des regards où se peignait plus d'étonnement que de crainte.

— Et d'abord, ajouta Frimann, désarmez ce forcené qui tient une épée à la main, et qui s'agitait tout à l'heure comme pour chercher les poitrines qu'il veut transpercer.

On désarma le forcené qui n'était autre que Polydore, et qui avait bien la physionomie la

plus pacifique du monde. Il ne put s'empêcher de sourire; et, voyant qu'il avait affaire
à un imbécile, il fit un signe à ses camarades,
afin de les engager à pousser plus loin la plaisanterie.

— Séparez-les, séparez-les! cria Frimann;
qu'il ne puisse y avoir entre eux aucun moyen
d'intelligence... Ah! l'on ne saurait m'arracher l'honneur d'avoir déjoué le plus noir
complot!

— Hélas! dit Polydore en mettant la main
sur ses yeux...

— Oui... gémis, gémis... ton affaire est
bonne... Celui-là me paraît le plus scélérat de
tous... Il est sans doute le chef de la bande...

Polydore fit un signe affirmatif, et s'écria
en levant les yeux au ciel :

— Quelle perspicacité! cet homme est un
véritable lynx! nous sommes perdus...

— Je vais les interroger! Burner, asseyez-
vous là, à côté de moi, et écrivez leurs ré-
ponses... Où sont vos passe-ports?

— Nous n'en avons pas... pour le moment... dit Polydore.

— Pour le moment ... le subterfuge est excellent ... ils n'en ont jamais eu .. Écrivez, Burner ...

— Et je demande, ajouta Polydore, que M. Burner, puisque Burner est le nom de monsieur... Monsieur, j'ai bien l'honneur de de vous saluer ... Je demande que M. Burner ait la complaisance de ne pas oublier ces mots : *pour le moment*...

— Allons, Burner, mettez ce qu'il désire; cela ne tire pas à conséquence ... Qui êtes-vous ?

— Hélas !...

— Vous ne voulez rien avouer ? Vous feriez mieux de vous expliquer catégoriquement. Prévenus, je vous y engage dans votre intérêt.

— Puisque la fatalité fait peser sur nous son joug de fer, dit Polydore, je suis prêt à répondre pour moi et mes compagnons.

— A la bonne heure, j'aime à voir que vous êtes raisonnable.

— Mais, d'abord, à qui avons-nous l'honneur de parler ?

— Au secrétaire de monsieur le bourguemestre de Coblentz.

— Vous travaillez donc pour le roi de
Prusse ?

— Pour Sa Majesté le roi de Prusse.

— Vous en avez bien l'air.

— Hein ?

— Je veux dire que vous avez toute la dignité qui convient à un pareil emploi.

— Voyons... procédons à l'interrogatoire.
Qui êtes-vous, d'abord, vous, l'homme à l'épée?

— Je m'appelle Procida, répondit Polydore
avec le plus grand sang-froid. Croyez-le bien,
monsieur le secrétaire, je n'étais pas fait pour un
pareil rôle, et je n'ai pas la criminelle habitude
de le jouer... mais j'y ai été entraîné; c'est de
ma part un acte de complaisance.

— Voilà une complaisance qui vous coûtera
cher.

— Je le crains; je serai honni.

— Mieux que ça.

— Conspué?

— Mieux que ça. Enfin, parlons d'autre chose
pour le moment. Que faisiez-vous tout à l'heure?

— Je me préparais à donner dans Coblentz une répétition des *Vépres siciliennes.*

— Oh !

— J'engageais tous mes compagnons à se précipiter dans la ville, dès qu'ils entendraient la cloche du soir, à égorger tous les étrangers, quel que soit leur âge et leur sexe, et à se baigner patriotiquement dans leur sang !

— Affreux ! affreux ! s'écria Frimann en détournant la tête.

— Et cet individu qui porte l'uniforme de la vieille garde ?

— C'est Stanislas ; un soldat qui sait souffrir et se taire sans murmurer. Il est Français de cœur et Polonais de naissance.

— Un Polonais ? c'est cela, dit Frimann en se penchant du côté de Burner. La trame était bien ourdie. Un Polonais ! Ils comptaient faire une pointe sur Varsovie ! Quelle découverte ! J'aurai le grand cordon de l'Aigle noir !

— Il ne peut vous manquer, lui dit Polydore très sérieusement ; quand on travaille pour le roi de Prusse...

— C'est bon ; cela ne vous regarde pas. Mais

que murmure donc ce Stanislas entre ses
dents?

— Il fredonne un refrain mélancolique :

> Du haut des cieux ta demeure dernière,
> Mon colonel, tu dois être content.

— Son colonel? Un autre brigand!

— Il est mort, s'écria Polydore en tirant un
mouchoir de sa poche. Émissaire du roi de
Prusse, respectez sa cendre.

— Comme si ces gens-là avaient des cendres.

— Autant que vous, dit froidement Polydore, car...

— Quelle insolence !

— Laissez-moi m'expliquer... Car nous n'en
avons ni les uns ni les autres.

— Mais...

— *Cendres* est un mot classique et figuré.

— D'accord; mais ça se dit.

— Je m'en aperçois...

— Et d'ailleurs c'est vous qui avez prononcé
le mot le premier... Quelle sotte querelle me
faites-vous donc là?

— J'ai prononcé le mot, mais vous **en avez** abusé... êtes-vous grammairien?

— Je suis le secrétaire de **M.** le bourgue-mestre, et vous me rappelez à toute la rigidité de mes devoirs.

— Envers le roi de Prusse...

— Envers le roi de Prusse... Comment appelez-vous ce jeune homme qui se cache la tête dans les mains comme s'il était honteux d'avoir pris part à une aussi atroce entreprise.

— Non, il a envie de rire.

— De rire...

— Il est un peu timbré... il rit... il pleure sans trop savoir pourquoi.

— Enfin, comment l'appelez-vous?

— Ruy-Blas, il est amoureux de la reine.

— De la reine!

— Et il veut devenir premier ministre.

— Rien que cela!

— Et il le deviendra.

— Ah! c'est trop fort.

— La semaine ne s'écoulera pas avant que vous ne le voyez revêtu de cette haute dignité.

— Ah! çà, vous moquez-vous de moi,

monsieur Procida? les insensés! dans une position pareille, ils conservent encore des espérances; mais nous les surveillons de près. Passons au dernier qui est là-bas dans son coin.

— Celui-là, c'est le bourguemestre.

— Un bourguemestre! ils avaient déjà nommé un bourguemestre. Oh! voilà le trait le plus noir! Remplacer monsieur le bourguemestre! quelle audace!!

— Ne l'intimidez pas... ne l'effrayez pas, ce pauvre bourguemestre; il a la tête faible... et s'il s'est associé avec nous, c'est... *c'est relativement à l'Angleterre.*

— L'Angleterre... l'Angleterre aussi est mêlée là-dedans... quel labyrinthe! Je deviendrai un homme important, on ne peut manquer de me donner un titre et des fonctions diplomatiques... Burner, fermez le procès-verbal... Messieurs de la garde bourgeoise, je fais un appel solennel à votre zèle et à votre courage... Vous savez combien est précieux le dépôt que je vais vous confier... Empoignez-moi tous ces brigands-là et traînez-les à la prison de ville.

— Ah ! un instant, monsieur le Secrétaire,
s'écria Polydore, et puisque cela devient sérieux...

    — Il y a long-temps que la chose est sérieuse.

    — Laissez-moi vous expliquer...

    — Vous vous expliquerez devant les juges.

    — Mais c'est une plaisanterie.

    — Il appelle cela une plaisanterie !

    — Mais...

    — Traînez, traînez...

La garde bourgeoise se mettait en mesure d'exécuter les ordres du terrible Frimann, lorsque Maugiron, le directeur, arriva.
Il venait de faire viser les passeports de ses
pensionnaires, et d'obtenir du gouverneur,
l'un de ses anciens protecteurs, la permission
de donner dans Coblentz autant de représentations qu'il voudrait. Il eut toutes les peines
du monde à faire comprendre à Frimann que
sa troupe était une troupe de comédiens, et
non pas de conspirateurs.

    — Mais ce Procida, disait Frimann ?

    — C'est le personnage principal d'une tragédie de M. Casimir Delavigne, jouée à l'Odéon.

— Et ce Stanislas?

— L'ami de *Michel* et de *Christine*. Comment, vous ne connaissez pas ce charmant vaudeville de M. Scribe? Il a été traduit dans toutes les langues.

— Et le *Ruy-Blas*?

—Je suis un ver de terre amoureux d'une étoile!

Ruy-Blas est l'un des héros sortis du cerveau fécond d'un grand poète.

— Mais le bourguemestre?

— Le *Bourguemestre de Saardam*? Ah! si Potier, l'inimitable Potier eût été là, il eût bien su prolonger la mystification.

— Et tous ces habits? Cet attirail de guerre?

— C'est le magasin d'un costumier que nous venons de louer, et dans lequel nous faisions notre choix.

La lecture des passe-ports, et le vu de la signature du gouverneur, achevèrent de convaincre Frimann qu'il avait été horriblement mystifié.

— Ainsi se trouve confirmé, monsieur le

Secrétaire, ajouta Polydore, ce que je vous disais tout à l'heure.

— Quoi donc? Vous m'avez dit tant de choses!

— Que vous travailliez pour le roi de Prusse.

— Que le diable vous emporte!

— Que Dieu vous accorde le cordon de
l'Aigle noir, et les fonctions diplomatiques
que vous paraissez si vivement désirer.

Frimann s'en alla la tête basse au milieu
des huées et des rires. Son aventure courut
la ville dont elle fit les délices, et amusa beaucoup le gouverneur. Elle fut mise en scène par
un journal de Francfort d'une manière fort
divertissante. On dit encore dans les provinces
rhénanes, quand on veut parler d'une mystification bonne et complète, *une mystification
à la Frimann.*

Le malheureux secrétaire alla se consoler
auprès de madame Metternich. Quand celle-ci
apprit que le tour lui avait été joué par des comédiens Français, elle s'écria du ton le plus mé-
prisant, que rien ne l'étonnait de la part d'une
pareille populace.

XXIII

Les deux Amis.

Le château de Minden était situé à une lieue
au-dessus de Coblentz.

Victor s'arrêta dans cette ville pour y prendre quelques dispositions. L'invalide lui demanda la permission d'aller voir un ami.

— Comment, lui dit Victor, tu as un ami
dans cette ville?

— Oui... un pauvre diable que j'ai sauvé il y
a quelque temps d'un bien mauvais pas. Nous

étions en correspondance, et comme il ne m'a pas écrit depuis quelque temps, je vais voir s'il n'aurait pas par hasard passé l'arme à gauche. Dans ce cas-là j'irais lui dire un petit *de profundis* sur sa dernière guérite… c'est l'histoire d'un quart-d'heure.

Lorsque Metternich avait eu le malheur de rencontrer sa femme en France, lorsqu'il avait fui la pension Dufour, il était resté quelque temps caché à Paris. Mais l'invalide voyant que la veuve tenait décidément à lui faire rejoindre le drapeau conjugal, lui conseilla d'aller faire un tour vers le pays qui l'avait vu naître, et de tâcher de s'y caser. Metternich suivit ce conseil. Il partit avec Katenhoffer, sa belle bordeuse de souliers. Au bout de six semaines, il fit savoir à l'invalide qu'il était établi à Coblentz, Kœnig-Strass, et qu'il y faisait ses petites affaires toujours en compagnie de Katenhoffer, devenue sa première demoiselle de boutique. Il avait encore écrit de temps en temps, puis tout à coup il avait cessé de donner de ses nouvelles.

L'invalide lut dans la Kœnig-Strass le nom

de Metternich sur l'enseigne d'un magasin très
élégant et très confortable.

— Allons, se dit-il, il paraît que le camarade a fait son chemin... la bicoque me
paraît assez resplendissante... Tant mieux pour
lui... il n'a pas de temps à perdre pour amas-
ser une fortune... et comme dit le proverbe,
vaut mieux tard que jamais...

L'invalide allait entrer gaillardement dans
la boutique, lorsque ses yeux se portèrent sur
la veuve Saint-Brice, qui était dans son comptoir — occupée à lire une lettre —, sans doute
un billet doux de l'amoureux Frimann.

Cette apparition fit sur lui l'effet de la tête de
Méduse. Il recula vivement et alla réfléchir un
peu plus loin à la bizarrerie des destinées humaines.

— Ah ça! je n'ai pas la berlue... c'est bien
elle... c'est bien Bellotte! comment a-t-elle
déniché mon pauvre Choucroûte? cette femme-
là est le diable en personne... S'il y en avait
deux pareilles sur terre, je crois, ma parole
d'honneur, que nous serions tous forcés de

prendre notre congé de réforme sans la permission du bon Dieu.

La curiosité du vieux grognard était piquée
au plus haut point ; mais son ex-femme pro-
duisait sur lui un effet très désagréable, et il
ne se souciait guère de se trouver en sa société. D'ailleurs il voulait des renseignements
positifs et particuliers. Il passa deux ou trois
fois devant la boutique en ayant soin de cacher
sa figure et profita du moment où Metternich
enlevait dans la montre un coupon d'étoffe
pour se montrer à lui et lui faire signe de sortir.

Metternich était naturellement jaune. Il devint tour à tour vert, bleu, rouge, blanc et
passa enfin à l'orange, pour revenir par cette
transition à son jaune pur et primitif. Il de-
meura immobile et pensif durant quelques minutes ; puis, comme frappé d'une idée subite,
il se dirigea vers son arrière boutique.

— Où allez-vous, Metternich, lui dit sa femme d'un ton sec ?

— Chercher mon cocarde et mon sabre...
Je suis de garde pourgeoise, auchourd'hui...

— Vous ne montrez pas ordinairement autant de zèle...

— Les circonstances son craves...

— C'est bon... c'est bon... vous vous mêlez
de raisonner... je crois. Ayez soin de rentrer
de bonne heure et de ne pas vous arrêter à la
brasserie...

Quand Metternich fut harnaché, il se hâta
d'aller rejoindre l'invalide qui l'attendait avec
bien de l'impatience.

—Ah! mon fieux! lui dit-il avec un cri de
douleur — le cri de Prométhée sur son ro-
cher—, che suis pien malheureux!

— Parbleu! je m'en doute!

-— Che suis pien malheureux!

— Vous n'avez pas besoin de me le répéter,
l'Allemand; je vous croyais parfaitement au
premier soupir... j'en étais même convaincu
avant que vous n'ayez soupiré.

— Fous êtes pien pon...

— Mais expliquez-moi donc la chose... car
je patauge là-dedans comme un chien mouillé
dans sa route.

— Entrons au caparet...

— Il paraît, l'ancien, que vous n'avez pas perdu les bonnes habitudes...

— Je pois plus encore qu'autrefois...

— Excusez !

—Vous concevez... che cherche à me consoler.

— C'est bien vu... il n'y a rien qui pousse à l'oubli des peines du cœur comme un bon verre de vin ou de schnick.

Metternich conduisit l'invalide dans un de ces bons et beaux cabarets allemands où à travers une épaisse fumée de tabac on voit, autour de longues tables vernies, de gros buveurs, à la figure pleine et prospère, savourant posément, philosophiquement, solitairement les douceurs de la pipe, et avalant de temps en temps et avec délices une longue gorgée de bière. Le Français boit pour s'enivrer, pour s'étourdir, pour bavarder tout à son aise. L'Allemand boit pour boire. Il apporte à cette occupation une ferveur toute religieuse. Son impassibilité touche à l'exaltation et à l'illuminisme.

On servit devant les deux amis une énorme schopp de liqueur nationale.

— Qu'est-ce que c'est que ça, dit l'invalide en jetant dans le cruchon un regard scrutateur et défiant?

— Ça... c'est de la pière excellente...

— De la bière... fi donc! si c'est avec un pareil élixir que vous vous consolez, mon ancien, j'en conclus que vos chagrins ne sont pas bien cuisants. Dans ce pays-ci, je ne connais que le vin du Rhin...

— Le fin du Rhin! sacré mein terteifle! c'est pien meilleur encore que la pière... nous poirons du fin du Rhin!

— A la bonne heure!

— Mais fous entendez mon affaire... che me console si souvent...

— Compris!

Une première bouteille de vin du Rhin disparut comme par enchantement, et avec la seconde vinrent les confidences.

— Eh bien! Bellotte?

— Pellotte est tombée sur mon épaule un peau matin...

— Et elle a repris son bien...

—Chai foulu faire de la réfolution contre elle.

— Mais elle tenait ferme, n'est-ce pas ?

— Elle a été se plaindre à Monsieur le Pour-quemestre...

— Oui... comme qui dirait au commissaire de police de l'endroit...

— Et chai été opliché de lui offrir mon to-micile.

— Où elle est maintenant reine et maî-tresse.

— Chuslement... Ah ! que che suis malheu-reux !

— Buvez donc...

— A fotre santé, l'infalide...

— A votre délivrance, l'ancien !

— Je fous remercie.

— Et vous n'avez pas pu prendre votre feuille de route pour un autre département ?

— Imbossible... Pellotte me surfeille gom-me la brunelle de ses yeux...

— Elle n'est pas toujours à vos trousses, quand le diable y serait.

— Elle est ici pien avec dout le monde, et sirtout avec les plus méchants. La bolice la bro-

tèche et a les recards sur moi. On ne sort pas
de la Prisse comme on veut, allez...

— Cette femme-là est capable de tout !

— Ah ! que che suis malheureux !

— Buvez donc...

— A fotre santé, l'infalide. Elle a tit que
che la battais et que che l'afais apandonnée;
on la blaint et on me considère comme un ty-
ran. Si chessayais seulement de me déparrasser
d'elle, je grois que toute la ville me boursui-
vrait à coups de pâtons...

— Et Katenhoffer, qu'est-elle devenue ?

— Bauvre chère enfant ! quand elle a fu Pellotte, elle s'est saufée jusqu'à Strasbourg ! Elle
ne s'est pas sans toute arrêtée à Strasbourg !
elle afait une si grande beur ! Pellotte l'a trai-
tée très prutalement, avec le manche à balai
et des grosses sottises... Ah ! que che suis malheureux !

— Buvez donc...

— A fotre santé, l'infalide...

— Mais comment ne m'avez-vous pas écrit
tout cela ?

— Che ne bouvais pas... Pellotte a la ber-

mission de M. le Couverneur d'arrêter à la boste
les lettres que chécrirais... Elle me fait es-
bionner.

— En voilà un martyr! Ma parole d'honneur,
si j'étais obligé de vivre dans un guèpier pareil, je...

— Qu'est-ce que fous feriez, l'infalide?

— Je... mais je ne veux pas vous donner de
mauvais conseils. Buvez donc...

— A fotre santé, l'infalide...

— Je comprends que vous ayez besoin de
vous retremper un brin tous les jours dans la
boisson.

— Tous les chours. J'ai touchours une pou-
teille dans un betit coin...

— Ah! si quand elle est vide vous saviez
vous en servir pour... mais je ne veux pas vous
donner de mauvais conseils. Buvez donc.

— A fotre santé, l'infalide... ah! che commence à être un beu consolé.

— Je crois bien, après la septième bouteille.
Vous devez même l'être tout-à-fait... consolé...
moi qui n'ai pas de chagrin, je me sens déjà
tont guilleret.

— N'est-ce pas que ce remède là est souté-
rain...

— Souverain, c'est le mot. Je vais vous re-
conduire un bout de chemin.

— Che vais rentrer, ma garde est finie...

— Farceur!

— Maintenant j'ai pesoin d'un betit coup de
trafersin.

—Oui, ça ne peut pas vous faire de mal.

— Che n'ai plus peur de Pellotte. A bas
Pellotte!

— Quel dommage que ce ne soit que la boisson qui parle!

L'invalide offrit son unique bras à Metternich, qui tout en marchant décrivait des ara-
besques capricieuses et ressemblait à une toupie
qui est à la fin de sa valse et commence à se
rasseoir, fatiguée, sur elle-même. Lantoine n'é-
tait pas non plus très solide sur ses jambes;
mais il marquait le pas militairement et à chaque enjambée cherchait à s'affermir un peu sur
sa base.

Déjà ils approchaient de la Kœnig-Strass,
lorsqu'ils rencontrèrent Victor.

— Enfin, c'est bien heureux que je sois parvenu à te rencontrer, dit celui-ci à l'invalide, voilà une heure que je te cherche, et sans toi je serais déjà en route... mais quel est cet homme ?...

— Comment vous ne le reconnaissez pas... le père Metternich... l'ancien de la pension Dufour.

— Le père Metternich... et dans quel état, grand Dieu !

— Bonchour, Monsir Fictor, che fiens de me consoler.

— Et il en avait besoin ; car vous ne savez pas... c'est lui qui est le second mari de la vieille femme dont vous me parliez l'autre jour... c'est le jobard en question...

— Le mari de la veuve Saint-Brice ?

— Veuve Saint-Brice... Madame Metternich... Bellotte... tout ça c'est le même démon.

— Conduisez-moi chez elle...

— Voilà une singulière envie...

— Conduisez-moi chez elle !

— On obéit, mon capitaine.

La vue de l'invalide et de Victor produisit
sur madame Metternich un effet terrible. A
Coblentz elle se croyait au bout du monde et
s'imaginait qu'elle ne serait jamais troublée
dans la nouvelle existence bourgeoise et ver -
tueuse qu'elle s'était faite. Et elle se trouvait
tout-à-coup en face de deux témoins de ses an-
ciennes fredaines.

Elle fut un instant étourdie. Mais comme
c'était une femme d'une audace tout-à-fait singulière, elle reprit aussitôt son sang-froid et
ne sembla s'occuper que de son mari.

— D'où venez-vous, lui dit-elle?

— Je fiens de me consoler, Pellotte...

— Et vous avez traversé toute la ville dans
un état pareil. Vous! un homme connu, établi... un notable!

— Bigre, dit l'invalide, un notable, c'est
du chenu!

— Quel est le chenepan qui a pu vous faire
boire ainsi?

— Bellotte, Bellotte, dit l'invalide, vous
traitez bien mal vos anciens amis.

— Je ne vous connais pas, répondit la veuve

sans le regarder et avec une assurance imper-
turbable.

— Comment, vous ne me connaissez pas,
Bellotte?

— Mais, s'écria Metternich en s'avançant
vers elle en trois ou quatre soubresauts, mais
Pellotte, c'est l'infalide... c'est ton bremier...

— Taisez-vous, dit-elle en jetant sur lui un
regard effrayant... Taisez-vous... et rentrez
dans votre chambre... vous avez besoin de
repos...

Elle le prit par le bras et le jeta, plutôt
qu'elle ne le poussa, dans l'arrière-boutique.
On entendit le bruit d'un corps tombant sur
un fauteuil et puis un instant après un ron-
flement prolongé résonna et fut suivi de plusieurs autres.

— A la bonne heure, reprit l'invalide, voilà
ce qui s'appelle mener un homme ronde-
ment.

— Messieurs, nous n'avons plus rien à faire
ensemble... je vais ordonner aux garçons que
l'on ferme la boutique... ainsi...

— Est-il possible, Bellotte, que vous con-

serviez cette figure de caillou trempé dans la
glace vis-à-vis de Lantoine, l'artilleur du bal
du Cœur-Volant, celui qu'il y a un an à peine
vous accabliez des propositions les moins at-
trayantes... Ce n'est pas que je sois très curieux de trouver sur vos lèvres un sourire à
mon adresse... mais enfin il me semble que
la plus simple politesse...

— Je ne vous connais pas...

— Il paraît que c'est un refrain.

Victor vit qu'il était temps d'intervenir et
il dit à la veuve :

— Soyez tranquille, Madame... nous ne
voulons point nuire à votre position... nous
n'avons ni intérêt, ni penchant à le faire... je
voudrais seulement obtenir de vous quelques
éclaircissements...

— Je ne vous connais pas...

— Tout ce que je possède est à votre disposition... et si une forte somme... que j'ai là...
dans mon portefeuille...

— A qui croyez-vous donc parler?... songez
que je suis l'une des premières bourgeoises de
la ville de Coblentz...

— Un mot seulement... un seul mot sur
M. le duc de Minden et sur...

— Je ne vous connais pas...

— Mais...

— Je ne vous connais pas...

Semblable à la statue de Memnon, la veuve
ne rendait qu'un son. Victor vit bien qu'il n'y
avait rien à en tirer et il se retira, emmenant
avec lui l'invalide qui, pendant tout ce dialogue, n'avait pas été maître de son impatience
et avait eu des démangeaisons d'administrer à
son ex-femme l'une de ces petites corrections
maritales que ses fréquentes infidélités lui
avaient values autrefois. S'il avait été seul avec
elle, peut-être eût il donné suite à ce projet.

— Faut-il aller donner l'éveil à Minden,
se dit la veuve quand ils furent partis? Je n'aime pas trop à me trouver en face de ce duc... Il
ne m'a jamais fait très bonne mine, et il m'a évin-
cée dès qu'on n'a plus eu besoin de mes soins.
Mais elle... elle a été si bonne pour moi! Me faire
donner vingt mille florins pour les petits services que je lui ai rendus! Toute une fortune!
Bast! c'est le hasard seul qui les a amenés

ici... Caprice de voyageurs! Ils auront tout
bonnement rencontré Metternich, et alors...
Non, elle n'a rien à redouter, sa retraite ne
sera pas découverte. Mais moi... ils peuvent
causer! Quelle sotte frayeur! ma réputation
est si bien établie qu'on ne les croirait pas.
On n'a pas cru mon imbécile de mari; c'est
égal, il peut leur prendre envie de rester ici
plus long-temps que cela ne pourrait me con-
venir. Il faut que je trouve un moyen de les
éloigner; il faut que je m'en débarrasse à tout
prix. Je causerai de cela avec Frimann.

Le soir même, la veuve s'enferma plus
d'une heure avec ce roué de Frimann, et leur
conversation fut entremêlée de soupirs amoureux et de graves méditations politiques.

XXIV

Minden.

A une lieue de Coblentz, une petite île couverte d'arbres séculaires et qui laissent apercevoir, au travers des échappées de leur
feuillage, des tapis de verdure d'une végétation
puissante, arrête le cours puissant et impé-
tueux du Rhin, et le force à se séparer en deux
bras dans lesquels les eaux s'encaissent en
mugissant, pour se rejoindre un quart de
lieue plus loin. Rien de plus pittoresque que
le point de vue qu'elle offre aux amateurs du

beau paysage! Sa masse noire se détache avec force sur la teinte argentée du fleuve, et repose l'œil qui se promène avec délices d'une rive à l'autre. — Au milieu d'un bouquet de chênes et d'ormes gigantesques s'élève un vieux château avec sa ceinture de murailles usées par le temps, ses tourelles noires et son pont-levis jouant encore sur ses chaînes rouillées.

C'est le château de Minden.

Nul édifice du moyen-âge ne s'est mieux défendu contre les siècles. Tandis que, plus loin, les castels des Sept-Frères n'étaient plus sur leurs sept collines que quelques pierres nues et désolées; tandis que, sur tout le cours du Rhin, la féodalité n'a plus que des masures et des ruines, le château de Minden élève encore vers le ciel sa tête orgueilleuse, et semble braver le temps.

Vous trouveriez difficilement dans toute l'Allemagne, le pays des chroniques chevaleresques et des souvenirs poétiques, un monument autour duquel les croyances populaires aient amassé plus de terribles et sombres légendes. Les châtelains de Minden ont laissé derrière eux une histoire remplie de monstres, de fantômes et d'épouvantements. Le batelier du Rhin chante, en frémissant, aux touristes affamés d'émotions, la ballade de la belle Rosamonde, qui fut renfermée pendant quinze ans par son époux dans le plus obscur des cachots, et dont l'âme erre tous les soirs sur les eaux du fleuve, sous la forme d'un feu follet.

La position du château de Minden, son aspect mélancolique avaient frappé l'oncle du comte de Botzel, alors qu'il commençait à se faire une position dans le monde diplomatique. Il avait acheté cette propriété et l'avait fait ériger en duché par son souverain, à l'époque où il avait quitté le porte-feuille des affaires étrangères.

Le caractère froid et sombre du duc de Minden, la vie retirée qu'il menait, sa physionomie glaciale, sa figure de parchemin, comme l'avait qualifiée la femme la plus spirituelle de la société parisienne, n'avaient pas réhabilité le château de Minden dans l'esprit des paysans des environs. On le disait habité par des goules et des lutins; l'île tout entière

était entourée d'une terreur superstitieuse qui
formait autour d'elle comme un cordon sanitaire, et la défense qu'avait faite le proprié-
taire aux promeneurs et aux habitants du pays
d'y mettre le pied, sous peine d'être traités
comme maraudeurs de nuit, était tout-à-
fait superflue ; personne ne l'aurait osé.

Le petit village de Burgau, assis sur la
rive gauche du fleuve, est le voisin le plus
proche du formidable château, mais un voisin fort commode ; c'est à peine s'il lève les
yeux de son côté : il fait le signe de la croix
toutes les fois que le vent du fleuve siffle à son
oreille et lui apporte les gémissements des
âmes de Minden.

Burgau, ordinairement si calme et si tranquille, est en proie dans ce moment à une
agitation bien vive. Deux étrangers sont venus
s'y établir pour quelque temps : Burgau n'a
jamais vu d'étrangers que sur ces grands ba-
teaux voyageurs dont la poupe sillonne les flots
du Rhin ; mais ceux-là ne font que passer, et
apparaissent comme des ombres fantastiques.

Cette fois, Burgau *possède* deux étrangers :

ils demeurent chez Fritz, le doyen des pê-
cheurs, car Burgau n'a pas d'auberge. Les
hommes les saluent humblement, les femmes
se les montrent du doigt, et les enfants les
suivent dans la rue.

Pendant toute la journée leur demeure est
assiégée par le flot d'une population de cent
cinquante âmes. Leur langage, leur vêtement,
leurs manières, tout est matière à surprise et
à commentaires.

L'un, plus jeune et d'une tournure élégante, captive surtout les regards du beau sexe
de l'endroit; l'autre, plus âgé, plus simple,
témoigne à son compagnon de voyage un certain respect.

Vous avez reconnu Victor et son ami l'invalide.

Victor, pour détourner l'attention et donner le change aux soupçons, s'est annoncé
comme peintre. Il vient chercher des vues sur
les bords si pittoresques du Rhin. Pour soutenir son mensonge, il a fait appel à tous les
principes de dessin qui lui ont été inculqués
au collége. C'est à peine s'il sait faire un œil

ou une bouche. Dieu! comme il se repent de
n'avoir pas mieux profité des leçons de son professeur! Tout peut servir dans ce monde, même
le flageolet et le chinois du collége de France.

Arrivé de la veille, Victor a déjà bar-
bouillé plus de cinquante feuilles de papier. Il
s'agissait de bien établir dans le pays la croyan-
ce à la nouvelle profession qu'il s'était attribuée.

Un groupe d'habitants du village entoure
la table sur laquelle il travaille; et, ce qui
trahit leur profonde ignorance en fait d'art,
c'est qu'aucun d'eux n'a laissé échapper le
moindre sourire à la vue des incroyables
traits que Victor jette sur son album en haut
et en bas, à droite et à gauche. Ils sont sérieux et admirent... Le jeune homme a été
rassuré de prime-abord, quand il a vu avec
quel calme enthousiaste a été accueilli son
premier chef-d'œuvre qui, au moyen d'un
jambage droit et de trois autres jambages for-
més en triangle, représente une chaumière
et un arbre. Ce qui l'inquiète le plus, c'est
que le vieux Fritz l'a supplié de faire le por-
trait de toute sa famille, y compris le chien

de la maison, et que le curé du village lui a demandé un petit tableau de sainteté pour son église dont les murs sont tout nus. Il avisera aux moyens de se tirer de là.

L'invalide taille les crayons et fait la collection des dessins avec un sang-froid vraiment comique. Il ne sait pas précisément où tout ce manège doit aboutir. Mais Victor lui a dit d'avoir l'air de l'aider dans sa besogne et il prend cet air là. Le vieux soldat a l'habitude d'obéir; il ne discute pas les ordres qu'on lui donne, il suit Victor comme il suivait son empereur; il le suivrait jusqu'au bout du monde. Il est déjà venu de Paris à Burgau sans se demander pourquoi; il a fait ce métier-là toute sa vie. — Entrez à Berlin; — et il marchait sur Berlin; — prenez Moscou; — et il se dirigeait sur Moscou; — tournez du côté de Vienne; — et il tournait du côté de Vienne. Jamais il ne s'est appartenu. Son dévouement est aveugle; chez lui c'est habitude prise.

Mais il est temps de sonder le terrain. Victor sort avec un grand carton sous le bras et dit qu'il va choisir un point de vue. Il se di-

rige vers les bords du fleuve. L'invalide le suit
avec un paquet de crayons et trois ou quatre
mains de papier, — une véritable fourniture d'a-
telier. Tout les gamins du village marchent
derrière eux et les regardent avec cette curiosité niaise, importune, tenace, qui est l'apanage de tous les gamins campagnards.

—Ces enfants sont vraiment insupportables,
dit Victor à l'invalide... il n'y a donc pas
moyen de les éloigner?

— Je leur ai déjà jeté pas mal de kreutzer;
mais ils ramassent la monnaie et ne nous en
suivent pas moins; ils ne se fatiguent pas plus
de ramasser que de nous suivre... ça a même
l'air de les attirer... A ce métier, on vide-
rait bien vite sa bourse... ces farceurs-là ont
des dispositions pour gagner l'argent sans se
donner beaucoup de mal. On fait plutôt
fuir les mouches avec du vinaigre qu'avec du
miel... il y aurait peut-être un moyen de les
faire disparaître comme une volée de jeunes
pierrots...

— Lequel?

— Ce serait de tirer les oreilles d'importance à l'un d'entre eux, à celui qui est très rapproché de nous... il est le plus grand de toûs et il a l'air d'un sournois...

— Garde-t'en bien... il ne faut pas indisposer ces braves gens qui nous accordent une hospitalité si franche et si généreuse...

— Braves gens... oui... mais ils ont des mioches bien mal élevés...

Victor assis sur la rive, à l'endroit même qu'il s'était fait indiquer par son hôte, et les deux coudes appuyés sur ses genoux, se mit à contempler d'un œil avide l'île de Minden et le château. Ce n'était encore qu'une simple reconnaissance. Il prenait ses mesures.

Pendant ce temps-là, l'invalide fumait une pipe et parcourait de l'œil les environs, cherchant à reconnaître si du temps de l'*une et indivisible* ou du Petit Caporal il n'avait point déjà par hasard visité ces parages.

Ils furent bientôt rejoints par le pêcheur Fritz. A son approche, Victor saisit un crayon et du papier et fit semblant de *croquer* un point de vue quelconque. Les enfants l'entourèrent de plus belle, et pour les éloigner, l'invalide leur jetait d'énormes bouffées de tabac à la figure. Ils faisaient un pas en arrière, puis revenaient aussitôt. Le grognard les donnait bien à tous les diables.

— C'est donc là le château de Minden, dit Victor à Fritz d'un air qu'il voulut rendre indifférent...

— Oui, Monsieur... et c'est bien le château le plus ensorcelé de toute la province... On dit qu'on y voit des revenants toutes les nuits et qu'ils y font un tapage horrible...

— Vous l'avez sans doute visité ?

— Jamais... je m'en serais bien gardé... je ne me soucie guère d'avoir des rapports avec les êtres de l'autre monde... ce n'est pas prudent...

— Quand on est mort, pêcheur, on est bien mort, dit l'invalide avec une assurance toute philosophque.

Le pêcheur fit un hochement de tête qui exprimait le doute le mieux caractérisé.

— Oh ! vous avez beau faire des évolutions

comme le télégraphe de Montmartre, pêcheur ;
je vous assure bien que si les défunts pouvaient revenir sur la terre, il y en a un qui me
tirerait les pieds toutes les nuits et qui me de-
manderait un petit verre de n'importe quoi pour
se remettre du froid occasioné généralement
par les promenades de nuit : c'est Richou,
qui était le plus fameux soiffard de la *batterie
des hommes sans peur*... un véritable enton-
noir... Il était mon ami intime, mon camarade
de lit... Un boulet de canon nous a brutale-
ment séparés à la bataille de Marengo... Pêcheur, il ne vient jamais me tirer les pieds...
donc, il n'y a pas de revenants...

— Dam ! j'ai cependant entendu bien souvent les gémissements des *âmes de Minden*...

— Histoire du vent qui faisait ses farces
dans les couloirs des forêts... Sapristi ! je n'ai
jamais eu peur de rien, mais je me regarde-
rais comme un enfant à la mamelle si je pouvais trembler devant les polichinelles sur lesquels M. le curé a dit sa dernière patenôtre...
Pêcheur, croyez-moi... craignez moins les fan-

tômes que les individus qui ont bon pied, bon
œil... il y en a de ceux-là qui courent aussi la
nuit et qui vous auraient plutôt lâché un coup
de trique ou un coup de fusil que les autres un
gémissement, comme vous appelez ça... Un
gémissement ne fait pas de mal, un coup de
trique bien appliqué peut nuire considéra-
blement.

Fritz répondit encore par un geste d'incré-
dulité.

— Soit, reprit l'invalide, les opinions sont
libres...

Et il se remit à fumer sa pipe.

— Dites-moi donc, mon cher hôte, continua Victor, qui avait toujours les yeux attachés
sur l'île, est-ce qu'il n'y aurait pas moyen d'obtenir la permission d'entrer dans ce château
pour en dessiner quelques parties ?

— Ah bah ! il y a plus de deux cents voyageurs qui ont demandé à y pénétrer... le Duc
a toujours refusé...

— Mais ne pourrait-on au moins descendre
dans l'île pour peindre le site ?

— Gardez-vous-en bien... Blücher, le terrible garde-chasse, y fait bonne garde avec ses quatre grands gaillards d'enfants, et il a ordre de tirer sur quiconque, après le premier avertissement, ne s'éloignerait pas au plus vîte.

— C'est donc un homme bien terrible que ce duc de Minden?

— Ne m'en parlez pas... il vit comme un hibou, et il aime à s'entourer de gens qui lui ressemblent. Blücher et ses quatre grands gaillards étaient autrefois de fameux braconniers, vivant toujours dans les bois et faisant plus de mal que de bien. Ils furent violemment soupçonnés d'avoir tué un lieutenant de dragons, cantonné près d'ici, qui leur faisait bonne guerre et avait juré de les prendre sur le fait : ils furent même jetés en prison ; mais le Duc les fit mettre en liberté et leur confia la garde de son île. Je vous réponds qu'ils s'en acquittent bien. Ils ont des figures horribles et leur aspect seul fait frémir !

— Et l'île n'est jamais habitée que par le Duc et ces hommes?

— Il y a encore dans le château quatre ou

cinq domestiques bien vieux, qui viennent quelquefois dans le pays pour faire des achats de provisions, et qui parlent à peine. Quand on veut leur faire des questions, ils jettent sur vous des regards qui ne sont pas rassurants du tout.

— Vous êtes sûr qu'il n'y a pas d'autres personnes?

—Ah! j'oubliais, la fille de Blücher... la petite Mila. C'est si jeune! douze ans à peine! Elle est sourde et muette... ce qui fait que le Duc, qui n'aime probablement pas beaucoup à entendre et à être entendu, l'a prise en affection. Elle parcourt le château à sa guise... entre... sort... fait ce qu'elle veut : avec sa petite cotte rouge, ses cheveux pendants en tresses, ses pieds nus et ses yeux brillants, elle a vraiment l'air d'un diablotin.

— On m'avait dit à Cob'entz que, depuis quelque temps, une jeune femme était venue habiter le château avec le Duc.

—Tiens! vous paraissez encore mieux informé que moi!

— Mais enfin, ne savez vous rien à ce sujet?

— Je sais bien quelque chose...

— Parlez donc !

— Écoutez... je ne vous dirai pas si c'est une femme ou un fantôme... mais, ce qu'il y a de certain, c'est que, tous les jours, quand je vais lever mes filets, je vois une grande ombre blanche se dessiner sur la plate-forme de la tourelle du Nord.

— Où est cette tourelle ?

— Oh ! on ne la voit pas bien d'ici ; mais quand on est sur le Rhin, de l'autre côté de l'île, dans le bras droit, on l'aperçoit parfaitement.

— Ah !...

— Cette ombre me fait bien l'effet d'être une femme ! Elle est toujours accompagnée de Mila, qui paraît éprouver pour elle une affection bien vive, car elle lui baise les mains et repose de temps en temps sa tête sur son sein.

— Et avez-vous pu distinguer les traits de cette femme ?

— Oh ! je me place trop loin pour ça ; mais je suis sûr qu'en se rapprochant un peu de l'île, et en longeant le grand rideau de peupliers du côté droit, on y arriverait; mais vous concevez que je ne me soucie guère de m'exposer aux coups de fusils de Blücher et de ses fils.

— On peut la voir...

— C'est-à-dire, on peut la voir... entendons-nous bien... c'est encore une question. On pourrait la voir, si elle ne conservait pas toujours sur sa tête le grand voile qu'elle porte et qu'elle ne quitte jamais : je l'ai aperçue trois ou quatre fois, et c'était toujours la même chose.

— Fritz, dit vivement Victor, je veux acheter un bateau... vous m'en procurerez un dès aujourd'hui... j'irai sur le Rhin esquisser quelques paysages. Du milieu du fleuve la vue doit être magnifiqne... Vous m'avez entendu?

— Le bateau va être à vos ordres.

— C'est bien.

Victor s'embarqua une heure après et fit une petite promenade sur le Rhin; il tourna trois ou quatre fois autour de l'île. Le cours du Rhin est très rapide. Victor ramait avec énergie et en même temps il avait les yeux fixés sur la plate-forme de la tourelle du nord. Sa position était très fatigante ; aussi était-il tout en sueur.

Il voulut s'approcher un peu du rivage de l'île ; mais Blücher se montra aussitôt et cria d'une voix de stentor :

— Au large !

Ses quatre géants de fils accoururent auprès de lui ; et, comme Victor ne s'éloignait pas assez rapidement, cinq fusils furent dirigés sur lui. Les coups partirent, et les balles sifflèrent au-dessus de sa tête et allèrent tomber assez loin dans le fleuve. Le jeune homme comprit bien, d'après la distance où les balles avaient porté, que ce n'était là qu'un avertissement ; mais il le trouva un peu rude.

— Sapristi ! dit Lantoine, voilà des grenadiers qui ont l'air de ne pas badiner ! Si j'étais encore au temps où je maniais ma clarinette de cinq pieds, j'aurais eu du plaisir à leur faire vis-à-vis : ils doivent bien rendre la cartouche !

Le lendemain, Victor recommença sa promenade, et naviguai avec lenteur, mais en se tenant à une distance respectueuse, tout le long du rideau de peupliers dont Fritz lui avait parlé. Tout-à-coup il vit se dessiner l'ombre blanche sur la plate-forme de la tourelle du nord: c'était bien le même être mystérieux qu'à Paris il avait si souvent trouvé sur son passage. Ses yeux étaient fixés sur *elle;* mais le pêcheur ne l'avait pas trompé: un voile couvrait ses traits. Tout-à-coup il la vit étendre vers lui les mains d'une façon suppliante... Un cri fut poussé... un cri qui retentit dans son cœur.

Et au même instant le canot reçut une secousse violente et fut culbuté.

Victor, précipité dans l'eau, regagna la rive à la nage.

C'est que, tandis qu'il avait les yeux fixés sur la tourelle et qu'il ne ramait plus, il ne s'était pas aperçu que le furieux courant l'emportait sur des rochers à fleur d'eau.

Quand il sortit du fleuve, il porta encore une fois les regards du côté de la tourelle... l'ombre venait de disparaître. Mila, qui la suivait, montra encore un instant sa tête au-dessus du parapet... Puis la vision s'effaça.

Victor rentra chez Fritz dans un état assez fâcheux, et l'invalide jura bien qu'il ne le laisserait plus se livrer seul à son goût pour les promenades nautiques.

Les jours suivants, Victor, accompagné de son vieil ami, recommença ses excursions; mais il ne vit plus rien : seulement, lorsqu'il jetait un regard dans l'île, ses yeux rencontraient souvent, dans le massif, les yeux brillants de Blücher, qui semblait suivre tous ses mouvements avec anxiété.

Un soir — enfermé dans sa chambre qui était située au rez-de-chaussée — il méditait profondément sur les moyens de parvenir jusqu'à l'inconnue, lorsqu'on frappa doucement aux carreaux de sa fenêtre.

Il se hâta d'ouvrir.

Une jeune fille au teint pâle, aux cheveux noirs pendants sur les épaules, aux pieds nus, et qui n'avait pour tout vêtement qu'un jupon rouge et un camail de toile grise, s'élança légèrement dans la chambre.

Victor reconnut Mila : — son cœur battit avec force.

Mila lui remit une lettre. Il l'ouvrit avec précipitation et y lut :

« Éloignez-vous.

« Votre présence ici ne peut avoir pour « vous et pour les autres que les effets les « plus tristes.

« Le secret que vous cherchez à découvrir, « vous ne le connaîtrez pas. Trop d'intérêts « de cœur y sont engagés.

« Oubliez le passé et ayez confiance dans « l'avenir. »

Victor chercha vainement à reconnaître l'écriture ; il ne l'avait jamais vue.

— Mais qui a pu, disait-il en froissant la lettre dans ses mains, qui a pu tracer ces caractères?

Mila lui fit signe que c'était elle.

— Qui vous a ordonné de les tracer?

Mila dirigea sa main du côté du château.

— Oui... reprit-il... oui... c'est l'être mystérieux. Mais je le jure par la mémoire de mon pére... je saurai quel est l'ange ou le démon qui se cache sous cette forme vague et ténébreuse !...

Il saisit un papier, griffonna à la hâte ces mots :

« A tout prix , il faut que je vous voie. »

Et le remit à Mila !

Mila reprit le chemin par où elle était venue et légère comme une biche, disparut au milieu des ténèbres.

En vain Victor chercha à la suivre un instant des yeux; il ne vit que les hautes herbes du rivage dans lesquelles se jouaient les pâles rayons de la lune, et n'entendit que le murmure sourd des eaux du fleuve.

Une heure après le même bruit résonna à la fenêtre.

Mila apportait la réponse.

Cette réponse n'avait qu'un mot :

« Jamais ! »

Victor leva les yeux; Mila n'était plus là. Il l'attendit vainement les jours suivants. Elle ne revint pas.

—*Jamais*, s'écria-t-il, *jamais!* le même

mot qui m'a déjà été jeté une fois comme un défi! j'ai accepté la lutte! je la continuerai! et nous verrons bien à qui restera la victoire!

FIN DU DEUXIÈME VOLUME.

TABLE.

—

SCEAUX. — Impr. de E. DÉPÉE.

www.ingramcontent.com/pod-product-compliance
Lightning Source LLC
Chambersburg PA
CBHW060410200326
41518CB00009B/1315